# Le mouvement national arabe

ÉMERGENCE ET MATURATION
DU NATIONALISME ARABE DE LA *NAHDA* AU BAAS

Charles Saint-Prot

Suivi de
*À LA MÉMOIRE DU PROPHÈTE ARABE*
par Michel Aflak

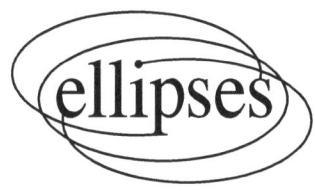

ISBN 978-2-7298-7669-2
©Ellipses Édition Marketing S.A., 2013
32, rue Bargue 75740 Paris cedex 15

Le Code de la propriété intellectuelle n'autorisant, aux termes de l'article L. 122-5.2° et 3°a), d'une part, que les «copies ou reproductions strictement réservées à l'usage privé du copiste et non destinées à une utilisation collective», et d'autre part, que les analyses et les courtes citations dans un but d'exemple et d'illustration, «toute représentation ou reproduction intégrale ou partielle faite sans le consentement de l'auteur ou de ses ayants droit ou ayants cause est illicite» (art. L. 122-4).
Cette représentation ou reproduction, par quelque procédé que ce soit constituerait une contrefaçon sanctionnée par les articles L. 335-2 et suivants du Code de la propriété intellectuelle.

www.editions-ellipses.fr

# DU MÊME AUTEUR

*Les mystères syriens*. Paris, Albin Michel, 1984, trad. en arabe, Le Caire, 1986.
*Saddam Hussein. Un gaullisme arabe ?* Paris, Albin Michel, 1987, trad. en arabe.
*Yasser Arafat.* Paris, Jean Picollec, 1990.
*Le nationalisme arabe, alternative de l'intégrisme.* Paris, Ellipses, 1995, traduit en arabe.
*L'Arabie heureuse, Le Yémen.* Paris, Ellipses, 1997, trad. en anglais et en arabe, Prix de la Société de géographie de Paris.
*Histoire de l'Irak de Sumer à Saddam Hussein.* Paris, Ellipses, 1999, trad. en arabe.
*La pensée française*, Paris-Lausanne, L'Âge d'homme, 2002.
*French Policy toward the Arab World,* Abou Dhabi, ECSSR, 2003, trad. en arabe.
*Le Liban, regards vers l'avenir*, dir. Paris, Observatoire d'études géopolitiques, collection Études géopolitiques, 2004.
*L'Arabie saoudite à l'épreuve des temps modernes,* dir. avec Zeina el Tibi. Paris, Observatoire d'études géopolitiques-collection Études géopolitiques 3, 2004.
*L'eau, nouvel enjeu géopolitiques*, dir. avec Zeina el Tibi. Paris, Observatoire d'études géopolitiques-collection Études géopolitiques, 2005.
*La politique arabe de la France*, Paris, Observatoire d'études géopolitiques/Karthala, col. Études géopolitiques 7, 2007.
*Quelle union pour quelle Méditerranée ?* dir. avec Zeina el Tibi, Paris, Observatoire d'études géopolitiques/Karthala, col. Études géopolitiques 9, 2008.
*Islam : l'avenir de la Tradition entre révolution et occidentalisation*, Paris-Monaco, Le Rocher, 2008, trad. en arabe et en anglais, éditions de la Bibliothèque du Roi Abdelaziz, Riyad, 2010.
*Le Maroc en marche*, dir. avec J.-Y. de Cara et Frédéric Rouvillois, Paris, CNRS éditions, 2009.
*L'enjeu du dialogue des civilisations*, dir. avec Jean-Pierre Machelon, Paris, Observatoire d'études géopolitiques/Karthala, col. Études géopolitiques 10, 2010.
*L'Occident et l'Islam*, Abou Dhabi, ECSSR, 2010, en arabe.

*Vers un modèle marocain de régionalisation*, dir. avec Ahmed Bouachik et Frédéric Rouvillois, Paris-Rabat, CNRS éditions et Remald, 2010.
*La tradition islamique de la réforme*, Paris, CNRS éditions, 2010, trad. en espagnol, Barcelone, et arabe, Le Caire, 2013.
*L'Islam et l'effort d'adaptation au monde contemporain : l'impératif de l'ijtihâd*, dir. avec Abdulaziz Othman Al Twaijri, Paris, CNRS éditions, col. Alpha, 2011.
*Mohammed V ou la monarchie populaire*. Paris-Monaco, Le Rocher, 2011.
*L'exception marocaine*, dir. avec Frédéric Rouvillois, Paris, Ellipses, 2013.

Charles Saint-Prot est directeur de l'Observatoire d'études géopolitiques à Paris. Il est chercheur au Centre Maurice Hauriou à la Faculté de droit Paris Descartes et il enseigne l'islamologie et la géopolitique dans le master international d'études islamiques et arabes de l'Université ouverte de Catalogne. Il est l'auteur de nombreux ouvrages de référence traduits en plusieurs langues.

*Oumma arabiya wahida zat risala khalida*
(Une nation arabe unie avec une mission éternelle)
Michel Aflak

# CARTE DE LA NATION ARABE

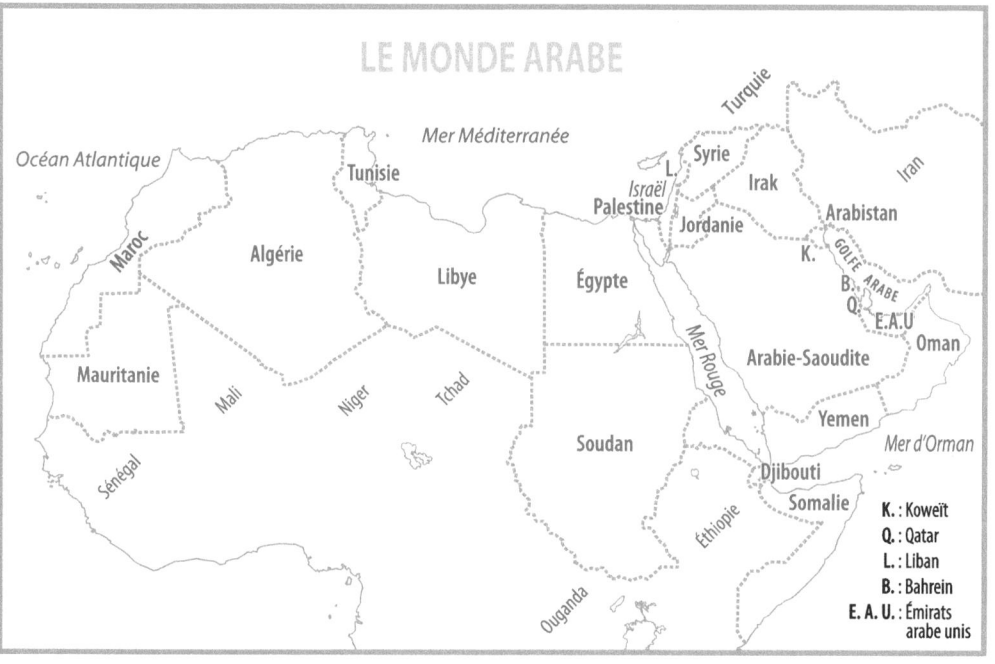

# GLOSSAIRE DES TERMES POLITIQUES

*Alem* (ou *alim*. Pluriel : *ouléma*) : savant versé dans le *'ilm*, la science (de la religion islamique). Docteur de la loi.

*Amir* (ou émir) : celui qui commande. Traditionnellement le souverain du Maroc est *Amir el Mouminine*, Commandeur des croyants.

*Baas* (ou *Ba'th*) : renouveau, résurgence.

*Chaab* : peuple.

*Choura* : concertation. Consultation. Principe essentiel du droit public islamique.

*Dawla (daoula)* : État.

*Destour* : constitution.

*Dîn* : religion.

*Djumhuriya* ou *Joumouriya* : république.

*Hadara* : civilisation.

*Hizb* : parti.

*Houriya* : liberté.

*Ichtirakiya* : socialisme.

*Ijma* : consentement général, consensus.

*Ijtihâd* : effort (racine *j.h.d.*). Cet effort de réflexion et d'interprétation, effectué par un juriste qui en a la compétence (*moujtahid*), consiste à extraire des sources scripturaires fondamentales constituées par les versets coraniques et les hadiths prophétiques une prescription adaptée à la situation présente et à un cas d'espèce. Plus largement, l'*ijtihâd* signifie l'effort d'adaptation correspondant à un besoin ou à un intérêt public visant à assurer la continuité de la Tradition réformiste en conciliant l'authenticité et le progrès.

*Inqilâb* : bouleversement, retournement.

*Islah* : réforme.

*Istiqlal* (ou *istiklal*) : indépendance.

*Ittihad* : union.

*Jama'a* (*jema'a*) : groupe.

*Malakiya* : monarchie.

*Malek* : roi.

*Maslaha* : utilité, intérêt public. Bien commun.

*Nazariyah* : doctrine.

*Oumma* : communauté, nation.

*Qaoumiya* ou *qawmiyya* : nationalisme (*qawm* : peuple, nation).

*Raïs* : président.

*Saoura* : révolution. *Al Saoura al Arabiya al Koubra* : la Grande Révolte arabe (de 1916).

*Siyâsa* : politique.

*Takadoum* : progrès.

*Thakâfa* : culture, civilisation.

*Tahrir* : libération.

*Thawra* : v. *saoura*.

*Vizir* (*ouazir*) : ministre.

*Watan* : patrie.

*Wahda* : unité (*wahed* = un). Le slogan du Baas est (*Wahda, Houriya, ichtirakiya*).

# INTRODUCTION

Le Proche-Orient est un grand ensemble s'étendant du Maghreb jusqu'à la Turquie, l'Iran et l'Afghanistan. Au sein de cet ensemble, le monde arabe, comprenant le Maghreb et le Machrek, constitue un très ancien pôle de civilisation. Monde arabe ne signifie pas monde musulman. Tous les Musulmans, plus d'un milliard et demi de personnes dans le monde, ne sont pas Arabes ; c'est, par exemple, le cas des Africains, des Indonésiens, des Iraniens, des Malais, des Pakistanais ou des Turcs. Par ailleurs, tous les Arabes, environ 350 millions, ne sont pas musulmans ; il existe des Arabes juifs et une quinzaine de millions d'Arabes chrétiens vivant principalement en Égypte, au Soudan, au Liban, en Syrie, en Irak, en Palestine ou en Jordanie.

Si l'on veut comprendre le monde arabe et les enjeux politiques dans cette partie de la planète, il faut d'abord se référer à quelques notions fondamentales. Les Arabes sont un peuple, une langue, un territoire et une civilisation. Ils sont un peuple parce qu'ils ont une histoire partagée, et une langue commune. Ils occupent un territoire bien délimité, de l'Atlantique au golfe Arabe[1]. Ils sont les héritiers d'une très ancienne civilisation puisque, avant la prestigieuse civilisation arabo-islamique qui rayonna du VII$^e$ au XIII$^e$ siècle, les Sémites – qui sont tout uniment les ancêtres des Arabes – avaient développé la civilisation mésopotamienne, après avoir pris le pas sur les Sumériens vers -2300[2]. Les Arabes sont réputés descendre d'Ismaël, le fils d'Abraham (Ibrahim), un chef de tribu de la région d'Ur, en Mésopotamie, où il aurait vécu environ 1800 avant l'ère chrétienne à l'époque du grand royaume babylonien qui atteignit son apogée sous le long règne d'Hammourabi (1792-1750). On sait que la seconde femme d'Ibrahim, Agar, avait été chassée avec son fils, Ismaël, par la première épouse. Elle avait trouvé refuge en Arabie, plus précisément dans la vallée de Bekka (d'où *Mekka*, la Mecque). Ismaël

---

1. Appelé autrefois golfe de Bassora, le golfe Arabe est parfois nommé golfe Arabo-persique.
2. Sur la Mésopotamie voir : BOTTERO, Jean. *Mésopotamie. L'écriture, la raison et les dieux.* Paris, Gallimard/NRF, 1987 – ROUX, George. *La Mésopotamie.* Le Seuil, 1985.

avait treize ans lorsqu'Ibrahim rejoignit sa femme et son fils. Il reçut l'ordre de Dieu d'élever à côté de la source un sanctuaire taillé dans la pierre, un bâtiment en forme cubique (d'où le nom de Kaaba), attestant de l'unicité de Dieu. Ismaël qui épousa une Arabe du Sud, de la tribu de Kahtan (ou Cattan), est considéré comme l'ancêtre des Arabes qui descendraient donc à la fois des tribus du Sud, par l'épouse d'Ismaël, et de la remarquable civilisation qui s'est développée à partir du quatrième millénaire dans la région de la grande Mésopotamie s'étendant dans les limites actuelles de l'Irak, de la Jordanie et de la Syrie.

Pour la première fois, les Arabes, en tant que tels, sont cités dans un texte assyrien de 853 faisant référence au roi « arabe » Gindibou. Au VIIIe siècle avant notre ère, le terme « arabe » revient fréquemment dans les annales assyriennes pour qualifier les habitants de Syrie-Palestine, puis les Nabatéens établis dans la région de Pétra (al Boutrâ). Des chefs arabes étaient membres du royaume de Babylone auquel ils versaient un tribut. Sur ce point, les textes néo-babyloniens font référence aux *Arabou* qui étaient les sujets des rois de Babylone. À partir d'Hérodote, les géographes appelèrent Arabes les habitants de la Péninsule, la *Djazirat al Arab* ou Ile des Arabes. Les romains appelèrent province d'Arabie l'ensemble de leurs possessions dans l'ancien royaume nabatéen et en Syrie, cette province allait donner au monde romain un empereur, Philippe l'Arabe (244-250). Aux IIIe et IVe siècles de notre ère, à partir des langues sémites, notamment de l'araméen qui fut la *lingua franca* de tout le Proche-Orient entre -500 et 500, s'élabora une langue arabe commençant, vers le Ve siècle, à supplanter l'araméen avec lequel les différences étaient d'ailleurs minimes[1]. Peu à peu cette langue s'imposa donc dans ces régions devenant un patrimoine commun où chacun a pu revendiquer une part égale. Autour de cette langue, de cette concentration de forces éparses, de « l'effort ininterrompu de plusieurs générations et de plusieurs siècles[2] » s'est exprimé le fait d'une âme commune que nous pouvons caractériser par la propre expression qu'elle s'est donnée : « l'âme arabe[3] ». Et ici, on pense naturellement à la définition de la nation par Renan : « Une nation est une âme, un principe

---

1. Rossi, Pierre. *La cité d'Isis. Histoire vraie des Arabes*. Paris, Nouvelles Éditions Latines, 1976.
2. KHAIRALLAH, Khairallah T. *Le problème du Levant ; les régions arabes libérées, Syrie-Irak-Liban*. Paris, Ernest Leroux, 1919.
3. *Ibidem*.

spirituel. Deux choses qui, à vrai dire, n'en font qu'une, constituent cette âme, ce principe spirituel. L'une est dans le passé, l'autre dans le présent. L'une est la possession en commun d'un riche legs de souvenirs ; l'autre est le consentement actuel, le désir de vivre ensemble, la volonté de continuer à faire valoir l'héritage qu'on a reçu indivis[1] ».

Les Arabes sont ceux qui appartiennent à l'arabité, c'est-à-dire un ensemble de liens constitués par une langue commune, une histoire commune, un passé glorieux, des souvenirs partagés, un patrimoine culturel commun et l'affirmation que le fait le plus important de leur histoire est la mission du Prophète Mohammed, lequel est perçu comme le « Prophète arabe » qui a initié « l'élan vital actionnant les forces latentes de la nation arabe[2] ».

Géographiquement, les limites de la nation arabe peuvent être fixées dans les territoires où la langue arabe est couramment pratiquée comme langue maternelle. C'est-à-dire un espace délimité comme suit :
- à l'Est, les montagnes du Zagros et le golfe Arabe formant la frontière avec la Perse, étant précisé que la région d'Al Ahwaz, l'Arabistan, (ou Khouzistan selon les Iraniens) est historiquement un territoire peuplé d'Arabes[3] ;
- au Nord, les montagnes qui forment la frontière avec l'Anatolie et le monde turc ;
- à l'Ouest, la Méditerranée et l'Atlantique ;
- au Sud-est, l'océan Indien.

Avec de grands sous-ensembles : la péninsule Arabe (Arabie saoudite, Émirats arabes unis, Qatar, Bahreïn, territoire de Koweït, Yémen, Oman) ; le Croissant fertile (Irak, Syrie, Liban, Palestine, Jordanie) ; la région nilotique (Égypte, Soudan) ; le Maghreb (Libye, Tunisie, Algérie, Maroc, Mauritanie), le monde arabe regroupe de nos jours les vingt-deux États membres de la ligue des États arabes : Algérie, Arabie saoudite, Bahreïn,

---

1. RENAN, Ernest. *Qu'est-ce qu'une nation ?* [1882]. Paris, Mille et une nuits, 1997.
2. AFLAK, Michel. *À la mémoire du Prophète arabe* (*Ḍikrā al Rassoul al arabi*) discours prononcé à l'Université de Damas le 5 avril 1943. Texte reproduit en fin de volume.
3. L'Arabistan a été constitué en émirat arabe jusqu'en 1925, date de son annexion par la Perse avec la complicité des Britanniques. La région (375 000 km, environ 4 millions d'habitants) détient des ressources pétrolières considérables avec le grand complexe d'Abadan. En outre, un litige oppose les Émirats Arabes Unis à l'Iran du fait de l'occupation par ce pays de trois îles à l'entrée du détroit d'Ormuz (Abou Moussa, Petite et Grande Tomb).

Comores, Djibouti, Égypte, Émirats arabes unis, Irak, Jordanie, Koweït, Liban, Libye, Maroc, Mauritanie, Oman, Palestine, Qatar, Somalie, Soudan, Syrie, Tunisie, Yémen.

Les Arabes ne sont pas une race. Ils sont avant tout un peuple et une civilisation. La civilisation moderne des Arabes est marquée par l'Islam. Le Prophète arabe, Mohammed, qui naquit au sein de la puissante tribu des Koraïchites[1], a reçu en langue arabe le Message divin (*Rissâla*), c'est-à-dire les Révélations contenues dans le Coran. L'arabe est donc la langue sacrée de l'Islam qui permit également aux Arabes de rentrer dans l'Histoire. D'un côté, l'empire byzantin recula devant les disciples de Mohammed qui rallièrent successivement la Syrie, la Palestine et l'Égypte. De l'autre côté, l'empire sassanide perse, vaincu lors de la bataille d'al Qadissya (637) en Irak, dut abandonner les territoires arabes qu'il occupait et, en fin de compte, la Perse s'effondra après la défaite de Neharend (642). Bientôt les guerriers arabes furent à la tête d'un immense et prestigieux empire, des rives de l'Indus à celles de la Garonne. Après Médine où régnèrent les quatre premiers califes, dit « bien-guidés » (Abou Baker, Omar, Othman et Ali), le centre de gravité du royaume arabe se déplacera d'abord à Damas, sous la dynastie des Omeyyades (661-750), puis à Bagdad, sous les Abbassides (748-1258) dont le règne correspond à l'âge d'or de la civilisation arabo-musulmane, sans oublier les magnifiques cultures du royaume omeyyade d'Andalousie et celle du Royaume du Maroc constituée en nation depuis le VIIIe siècle, où le Roi est Commandeur des Croyants (*Amir al Mouminine*).

À vrai dire, les Arabes font partie du petit nombre de peuples qui ont laissé une empreinte profonde sur le monde. Ils sont les précurseurs d'une des plus grandes religions de l'humanité, les dépositaires d'une civilisation qui a resplendi durant plusieurs siècles du cœur de la Chine aux Pyrénées. Entre le VIIIe et le XIIIe siècle, le monde arabo-islamique fit rayonner les sciences, les arts et les Lettres. Durant cette époque, il fut le phare de la civilisation et du progrès. En effet, alors que les grandes invasions barbares des IVe et Ve siècles avaient entraîné la régression économique et morale de l'Occident, l'État arabo-islamique illumina littéralement le Moyen-Âge

---

1. Les Koraïchites, ou Quraychites ou Qoreichites, étaient la plus influente de toutes les tribus de la Péninsule. À La Mecque, ils avaient traditionnellement la charge de la garde de la Kaaba.

européen. Comme l'écrit Sigrid Hunke : « Alors que l'Europe se débattait dans un Moyen-Âge de conflits et de blocages, le monde arabe était le théâtre d'une admirable civilisation fondée sur les échanges économiques, intellectuels et spirituels. Dans toutes les disciplines – mathématiques, astronomie, médecine, architecture, musique et poésie…, les Arabes multiplièrent les plus prodigieuses réalisations[1] ».

Cet âge d'or de la civilisation arabe – dont les principaux centres furent Médine, Damas, Bagdad, Fès, Marrakech, Le Caire, Cordoue et Grenade –, est resté très présent dans la mémoire des Arabes qui sont malheureux de la disproportion entre la fierté d'un passé sublime et les disgrâces d'un présent médiocre. Ils ont la nostalgie de la grandeur perdue après la chute du royaume abbasside sous les coups des Mongols (1258), celle des derniers royaumes arabes d'Espagne (chute de Grenade en 1492) et celle du sultanat du Caire qui succomba face aux Ottomans, en 1517.

Au début du XVI$^e$ siècle, l'occupation ottomane s'étendit donc à la majeure partie des pays arabes, seuls y échappèrent quelques États arabes : le Maroc, siège d'une monarchie nationale depuis le IX$^e$ siècle[2] ; le Yémen, également dirigé par une monarchie nationale de 822 à 1962 ; une partie de la péninsule Arabe, notamment les principautés du Nedjed et le sultanat d'Oman occupé par les Portugais (1507-1650), puis par les Perses, avant de connaître une brillante période avec l'avènement de la dynastie fondée en 1749 par Ahmed Ibn Saïd. Pour les Arabes sous domination turque, la période ottomane fut une longue nuit, une période de stagnation. Si elle avait accordé une maigre place à quelques élites arabes dans l'administration civile ou militaire, la Porte ne sut jamais porter sur les régions arabes un autre regard que celui du colonisateur sur le colonisé. Peut-être en raison d'une sorte de complexe vis-à-vis du peuple qui portait la Révélation islamique, elle fit tout pour laisser les Arabes à l'écart, s'intéressant d'ailleurs davantage à ses possessions européennes qu'à un Orient dont les Turcs étaient pourtant partie prenante.

---

1. *Le soleil d'Allah brille sur l'Occident, notre héritage arabe*, trad. de l'allemand. Paris, Albin Michel, 1963.
2. Un descendant du Prophète, Idriss Ibn Abdallah fonda le premier royaume marocain, en 788 (172 de l'hégire), à Oualili (Volubilis) au flanc du massif montagneux du Zerhoun.

La relation arabo-turque ne fut qu'une suite de rendez-vous manqués, y compris pour ce qui concerne l'Islam. En effet, la solidarité islamique elle-même fut des plus légères. Certes, le sultan ottoman s'était proclamé calife après la prise du Caire en 1517 et la disparition du dernier calife abbasside, mais Constantinople ne fut jamais réellement l'héritière de Médine, Damas, Bagdad et du Caire. La légitimité du sultan ottoman ne fut pas reconnue comme l'avait été celle des califes abbassides pendant plus de sept siècles. Les Ottomans dont l'ascension s'était faite « en marge du monde musulman classique[1] » faisaient figure de nouveaux venus et étaient perçus comme des conquérants. Les Arabes ressentirent la domination ottomane comme une conquête et la confiscation du califat par les Turcs comme une imposture. Et, pour toute une partie de l'Islam, commença l'ère de la décadence. En effet, quand le fait turc eut fini par se substituer au fait arabe « et que l'école ottomane se sera étalée sur le domaine où s'étaient épanouies les écoles arabo-musulmanes, la civilisation islamique se trouvera engagée dans la voie du déclin[2] ».

Dans ces conditions, le réveil arabe était inéluctable. Certes on peut toujours ergoter sur le concept de nation arabe mais l'important est « la conception que les Arabes se forment d'eux-mêmes[3] » Notre vieux Maître Jacques Berque a écrit que l'arabisme est une manière d'être, trouvant ses racines « dans un passé qui cumule avec la gloire des conquêtes, le classicisme de la langue et l'intégrité d'une affirmation[4] ». Du coup, il recèle une force presque incantatoire, une éternelle « volonté de vivre et de revivre ». C'est tout le sens de la lutte des hommes qui consacrèrent leurs efforts au renouveau arabe.

Cette résurgence – ce véritable printemps arabe – allait se faire en l'espace d'environ un siècle, de l'éclosion de la *Nahda* à partir du milieu du XIXe siècle, à la constitution du Baas (entre 1940 et 1947) et la prise de pouvoir par Nasser (1952). Le présent ouvrage a pour objet d'étudier cette évolution du mouvement national arabe qui se fit en trois grandes

---

1. Veinstein, Gilles. « L'empire dans sa grandeur » in *Histoire de l'Empire ottoman*, direction de Robert Mantran. Paris, Fayard, 1989.
2. Kalisky, René. *L'Islam, origine et essor du monde arabe* [Paris, 1968]. Verviers, Marabout, 1980, 2e édition.
3. Berque, Jacques. *Les Arabes*. Paris, Sindbad, 1979.
4. *Ibidem*.

étapes jusqu'au début des années 1950[1]. Une première étape fut celle de l'émergence, avec les prémices d'un mouvement national d'abord culturel (la *Nahda*) visant à promouvoir la langue et la littérature arabes. La deuxième étape fut celle de la prise de conscience politique dont l'un des points d'orgue fut le congrès arabe de Paris en 1913 et la page héroïque fut la Grande Révolte de 1916, que les Arabes appellent la Grande Révolution arabe (*al Saoura al`arabiya al Koubra*). Enfin la troisième étape allait être celle de la consolidation, avec la maturation d'une pensée nationale arabe moderne illustrée par les écrits de Sati el Housri et, surtout, l'œuvre de Michel Aflak qui fut le philosophe du nationalisme arabe.

---

1. L'étude de l'évolution ultérieure du mouvement national arabe pourra faire l'objet d'un autre ouvrage.

# I

# L'ÉMERGENCE

Au début du XVIIIe siècle, le déclin de l'Empire ottoman allait de pair dans les régions arabes sous son contrôle avec un engourdissement de l'Islam frappé par un conservatisme sclérosant et abandonné à toutes sortes d'excentricité. C'est dans ce contexte de déclin moral et intellectuel, que des réformateurs allaient apparaître pour combattre des errements déplorables et redonner un souffle à la religion[1]. C'est ainsi que naquirent des mouvements se fixant pour objectif de régénérer le monde musulman. Ils affirmaient que la cause de la décadence était due au fait que les musulmans s'étaient éloignés de l'enseignement du Coran et de la Sunna. En conséquence, ils se mirent à prôner un retour à la pure religion, à s'inspirer du premier Islam, celui des origines avant qu'il ne fût corrompu par une imitation aveugle (*taqlid*), des superstitions déraisonnables et des pratiques folkloriques condamnables. Il fallait donc renouveler l'effort d'adaptation et d'interprétation, cet *ijtihâd* dont l'un de leurs successeurs pourra dire qu'il est « le principe de mouvement dans la structure de l'Islam[2] ».

Deux grands penseurs initièrent un mouvement de réforme (*Islah*) visant avant tout à un renouveau. Le premier de ces précurseurs, Shah Wali Allah el Dihlawi ou Qutb al Dîn Ahmad Ibn Abd el Rahim, vivait en Inde mais sa famille était d'origine arabe. Le second, qui allait avoir une influence encore plus considérable était Mohammed Ibn Abdel Wahhab (m. 1792), un cheikh de la péninsule Arabe, plus précisément du cœur de l'Arabie dans le Nedjed. Ce jeune penseur prêchait donc en

---

1. RENTZ, George S. *Birth of the Islamic Reform Movement in Saudi Arabia : Muhammad b. 'Abd al-Wahhab (1703/4-1792) and the Beginnings of Unitarian Empire in Arabia.* Riyad, King Abdulaziz Public Library 2004.
2. IQBAL, Mohammed. *Reconstruire la pensée religieuse en Islam*, trad. française. Paris : Adrien Maisonneuve, 1955.

faveur d'une vigoureuse réforme intellectuelle et morale pour mettre un terme aux dérives et aux égarements dont la religion musulmane était victime.

## Le premier soulèvement arabe

Durant l'été de l'année 1744 – en 1157 de l'Hégire – le cheikh Mohammed Ibn Abdel Wahhab avait été contraint de se réfugier dans la principauté de Diriyah où il avait des disciples et des amis dans l'entourage de l'émir Mohammed Ibn Saoud. Cette principauté était située dans une vaste oasis au cœur de la vallée de la rivière Hanifah, entre les principautés de Riyad et d'Uyayna. À Diriyah régnaient donc les Saoud, une ancienne famille de bonne lignée appartenant à la grande confédération tribale de Rabi'a[1], laquelle famille avait été appelée au milieu du XVe siècle pour servir de médiateur et mettre fin à des querelles opposant les clans de cette partie du Nedjed.

L'appel spirituel d'Abdel Wahhab avait une portée politique que Mohammed Ibn Saoud comprit immédiatement. En mettant fin à l'ignorance, à l'idolâtrie, en retrouvant l'esprit novateur et unitaire de l'Islam, en réformant la foi des hommes et en éclaircissant la vérité de l'unicité, la voie serait ouverte pour mettre un terme aux conflits dans la région de Nedjed et des autres provinces de la Péninsule qui pourrait être réunifiée. Dès lors la puissance arabe pourrait renaître face aux Ottomans et porter de nouveau l'étendard de l'Islam. C'est dans ces conditions et sur ces bases que le sabre allait se mettre au service du Coran grâce à l'accord historique entre les deux hommes. C'est ainsi que le premier État Saoudite se constitua « sur des bases islamiques renouvelées et autour d'un projet politique cohérent[2] ». L'alliance conclue en 1744 entre le chef politique

---

1. La confédération de Rabi'a est l'une des deux branches qui descend d'Adnan, « père » des Arabes du Nord de la Péninsule et descendant d'Ismaïl le fils d'Ibrahim (Abraham). L'autre grande confédération est celle des Moudar, à laquelle appartiennent les Hachim (dont est issu le Prophète Mohammed) et les Tamime (dont est issu Abdel Wahhab).
2. Fayçal Ibn Michaal Ibn Saoud Ibn Abdul Aziz al Saoud. *Le développement politique islamique du Royaume d'Arabie saoudite, une évaluation du Conseil consultatif, le Majliss al Choura*, traduction par Zeina el Tibi. Paris : Idlivre, 2003.

et le penseur religieux allait changer le cours de l'Histoire. Elle prévoyait que le premier se chargerait, en tant qu'émir détenteur de l'autorité, des affaires politiques et militaires et le second, en tant qu'imam, de celles de la religion. L'appel à la réforme de l'Islam fut donc dirigé par l'Imam Mohammed Ibn Abdel Wahhab. Parallèlement le renouveau politique fut l'affaire de l'émir Mohammed Ibn Saoud, chef politique et militaire. Visitant l'Arabie méridionale, une cinquantaine d'années après le Français Jean de La Roque[1], l'explorateur danois Carsten Niebuhr fut le premier à pressentir l'ampleur de ce mouvement, prédisant même qu'il causerait peut-être avec le temps « des changements considérables dans la croyance et dans le gouvernement des Arabes[2] ».

En effet, outre le fait capital qu'elle avait redonné un souffle à l'Islam, la première conséquence de la prédication d'Abdel Wahhab fut d'ordre géopolitique. Un État arabe nouveau, rassemblant une partie de la Péninsule et animé par un esprit de réforme religieuse, s'instaura et, malgré les attaques dont il fut l'objet de la part des Turcs, cet État – ou l'idée de cet État – allait persister. L'émergence du premier Royaume saoudien n'eut pas pour seul effet de remettre l'Arabie dans la marche de l'Histoire, elle eut aussi des conséquences importantes sur la donne stratégique du Proche-Orient.

En 1803, Saoud Ibn Abdel Aziz s'empara de La Mecque. En 1804, Médine fut prise. Maintenant, Saoud Le Grand était le chef d'un vaste royaume comprenant, outre le Nedjed et le Hedjaz, l'archipel de Bahreïn, les provinces du Hasa, du Djebel Chammar, de l'Asir, de la côte du golfe Arabe jusqu'à Ras al Khaima, à la limite du sultanat d'Oman. Ses marins étaient maîtres du Golfe, ce qui n'était pas sans inquiéter les Anglais. Sur la mer Rouge, le nouveau royaume tenait les ports de Yambu, Djedda et Hodeïda. En 1810, l'armée de Saoud prit l'Hadramaout, atteignant ainsi les rives de l'océan Indien. Il s'en fallut de peu que l'État saoudite s'étendit jusqu'à la Méditerranée puisque ses troupes étaient parvenues aux portes de la Palestine et de Damas. Du coup, la question arabe était devenue la priorité du gouvernement ottoman à Constantinople. Le nouvel État arabe venait perturber le bon ordre d'un empire déjà bien

---
1. Auteur du *Voyage dans l'Arabie heureuse*. Paris, 1716.
2. Niebuhr, Carsten. *Description de l'Arabie*. Paris, Brunet, 1779.

affaibli. Pour la première fois la Porte était menacée sur son flanc oriental, pour la première fois, des populations arabes et musulmanes remettaient ouvertement en question son pouvoir. Pour réduire cet État, les Ottomans allaient faire appel à un général ambitieux qui ferait payer le prix de ses services en exigeant la souveraineté sur l'Égypte, laquelle échapperait ensuite à la souveraineté de la Porte. La guerre entre les troupes arabes des Saoud et le corps expéditionnaire envoyé d'Égypte par Mohammed Ali fut rude. Mieux armé et supérieur en nombre, les troupes ottomanes eurent le dessus. La capitale des Saoud, Diriyah, tomba et fut rasée en 1818. L'émir Abdallah lui-même fut conduit en captivité en Turquie où il fut mis à mort dans des circonstances particulièrement ignominieuses. L'un des fils d'Abdel Wahhab, également déporté par les Turcs, fut torturé à mort. Le frère d'Abdallah tenta de poursuivre la lutte mais il fut à son tour capturé en 1820. Cette ultime défaite mit un terme à l'histoire du premier État saoudite.

Mais, l'idée ne fut pas anéantie. En effet, parallèlement à une mission religieuse, visant à la réforme et au redressement de l'Islam, l'État des Saoud s'était fixé la mission politique de redonner leur fierté aux Arabes. C'était une sorte de nationalisme arabe avant l'heure. Il est remarquable que cet objectif n'ait pas été étranger aux préoccupations de Mohammed Ibn Abdel Wahhab. Vers 1800, un certain cheikh Mulhem avait publié, à Bagdad, un ouvrage intitulé *Dialogue entre Cheikh Mohammed et Ibn Saoud*, dans lequel on pouvait voir le prédicateur religieux rappeler à l'émir de Diriyah « la noble origine et l'ancienne prépondérance des Arabes, leur bravoure, leurs conquêtes passées et ce qu'ils sont capables de faire encore sous l'influence d'une heureuse réforme[1] ». Jean Raymond, un officier français en poste à Bagdad au début du XIXe siècle, a rapporté ces paroles d'un prince saoudite : « Le temps approche où nous verrons un Arabe exercer la charge de Calife. Nous avons assez longtemps langui sous le joug des usurpateurs[2] ».

---

1. Cité par ROUSSEAU, Jean-Baptiste-Louis-Jacques. *Mémoire sur les Wallabies, les Nosaïris et les Ismaëlis.* Paris, A. Nepveu, 1818.
2. RAYMOND, Jean. *L'origine des Wahabys*, Bagdad, 1806. Réédition : *Mémoire sur l'origine des Wallabies, sur la naissance de leur puissance et sur l'influence dont ils jouissent comme nation.* Le Caire, Institut français d'archéologie orientale, 1925.

Dans la conscience nationale arabe, le premier État saoudite représente « la première expression du nationalisme arabe[1] ». Louis Massignon a pu affirmer que l'une des sources du réveil nationaliste arabe a été due « à la réforme religieuse qui s'est affirmée au Nedjed, à partir 1850, avec les wahhabites ». Le célèbre orientaliste a souligné que le mouvement impulsé par le Cheikh Abdel Wahhab a constitué l'une des racines profondes du nationalisme arabe, « peut être plus sérieuses que le bruyant mouvement hedjazien » du chérif hachémite Hussein[2].

## La *Nahda*

L'importance des événements en Arabie n'avait pas échappé à Bonaparte, bien informé par les espions et diplomates français dans la région, notamment le colonel Jean Raymond au service du pacha de Bagdad[3], l'orientaliste et consul de France à Alep Jean-Baptiste-Louis-Jacques Rousseau (1780-1831)[4] ou le consul général de France à Bagdad, Louis Alexandre Olivier de Corancez[5], tous auteurs d'ouvrages, plus ou moins bien renseignés, consacrés au mouvement d'Abdel Wahhab. En France, nombreux étaient ceux qui avaient pris la mesure de l'importance du soulèvement arabe. Ainsi, peut-on trouver dans le *Magasin encyclopédique*[6], daté de septembre-octobre 1809, les lignes suivantes : « Tôt ou tard, les *Wallabies* convertiront à leur doctrine les tribus arabes qui habitent la

---

1. MÉNORET, Pascal. *L'énigme saoudienne*. Paris, La découverte, 2003.
2. MASSIGNON, Louis. « Éléments arabes et foyers d'arabisation ». *Revue du monde musulman*, 1924, volume LVII, p. 104.
3. RAYMOND, Jean. *L'origine des Wahabys*, Bagdad, 1806. Réédition : *Mémoire sur l'origine des Wallabies, sur la naissance de leur puissance et sur l'influence dont ils jouissent comme nation*. Le Caire : Institut français d'archéologie orientale, 1925. Le texte de Raymond est à l'origine un mémoire adressé, en 1806, au ministre des relations extérieures.
4. ROUSSEAU, Jean-Baptiste-Louis-Jacques. *Description du pachalik de Bagdad, suivie d'une notice historique sur les Wallabies et quelques autres pièces relatives à l'histoire et à la littérature de l'Orient*. Paris : Treuttel et Würtz, 1809/*Mémoire sur les Wallabies, les Nosaïris et les Ismaëlis*. Paris, A. Nepveu, 1818.
5. De CORANCEZ, Louis Alexandre Olivier. *Histoire des Wallabies, depuis leur origine jusqu'à la fin de 1809*. Paris, l'Imprimerie de Crapelet, 1810.
6. Autrefois on disait magasin pour une publication, « généralement périodique et illustrée, mêlant divers sujets et divers genres » (*Dictionnaire encyclopédique du livre*), l'anglais magazine est calqué du mot magasin.

Syrie et le pachalik de Bagdad, et augmentant leurs forces de celles de ces tribus, ils se formeront en un empire qui pourra rivaliser avec presque toutes les souverainetés de l'Asie[1] ».

Alors que Turcs et Anglais amorçaient un rapprochement diplomatique, Paris comprit que les Arabes pouvaient être des alliés précieux. C'est dans ces conditions que la France, fidèle à une politique arabe s'inscrivant dans son histoire[2], devint le premier allié de l'Arabie des Saoud. En 1806, Napoléon Bonaparte avait déjà envoyé un émissaire auprès du souverain arabe, mais celui-ci n'était jamais arrivé jusqu'à Diriyah. Il avait disparu, probablement tué par des agents turcs. En 1811, Bonaparte dépêcha en Arabie un second émissaire, le chevalier Paul de Lascaris. Celui-ci s'entretint avec l'émir Saoud auquel il proposa une alliance contre les Ottomans et les Britanniques. Malgré les pressions de l'Angleterre, hostile à l'idée d'une influence française dans la région, le Saoud décida de signer un accord d'amitié avec Paris. Avec ce projet d'alliance franco-arabe, voici l'un des moments où l'histoire du monde aurait pu basculer, l'occasion de reconstruire un grand royaume arabe qui aurait été lui-même allié à l'une des plus grandes puissances occidentales qui a toujours manifesté intérêt et sympathie pour le monde arabo-musulman. Hélas, les guerres napoléoniennes conduisirent à l'aventure de Russie (juin 1812) et à l'affaiblissement de la France qui devait désormais lutter contre une coalition menaçant ses frontières. Ce ne fut donc pas avec ce projet avorté que l'influence française fut la plus décisive mais, peu auparavant, avec la fameuse expédition d'Égypte (1798-1801) et sur un tout autre plan.

À partir de l'expédition d'Égypte, le monde musulman singulièrement le monde arabe, allait découvrir le décalage entre la vitalité des nations européennes et le retard accumulé par le vieil Empire Ottoman. Deux voies, correspondant chacun à une stratégie différente, s'offraient donc aux

---

1. « Description du Pachalik de Bagdad, suivie d'une notice historique sur les Wallabies ». *Magazin encyclopédique*, septembre-octobre, 1809, p. 161-192.
Ce long article est un compte rendu de lecture de l'ouvrage publié par Rouseau, en 1809. Si les contresens et les erreurs sont innombrables, l'auteur n'en perçoit pas moins l'importance de la montée en puissance de l'État saoudien.
2. Voir BALTA Paul. « La politique arabe et musulmane de la France ». *Confluences Méditerranée*, n° 22, été1997/SAINT-PROT, Charles. *La France et le renouveau arabe*. Paris, Copernic, 1980/ SAINT-PROT, Charles. *La politique arabe de la France*. Paris, OEG-Études géopolitiques 7, 2006.

intellectuels arabes et musulmans : « La première consistait à tourner le dos au patrimoine culturel local et à embrasser purement et simplement la pensée rationaliste et libérale européenne. C'est la voie de l'occidentalisation… qui s'est développée dans le sillage de la campagne bonapartiste et de la tentative de modernisation exogène initiée par Mohammed Ali ». La seconde voie consistait à « tenter une réforme intellectuelle ouverte sur les acquis de la révolution bourgeoise européenne mais basée sur une renaissance des éléments rationalistes et humanistes de la culture classique arabo-musulmane[1] ». Alors que, de son côté, le sultan Abdul Majid, lançait, à partir de 1839, une tentative de réorganisation (*Tanzimat*) cherchant à freiner le déclin de son empire mais qui ne fut qu'une série de mesures administratives sans lendemain[2], une sorte de rafistolage cherchant à greffer des pratiques européennes sur un système moribond, des intellectuels arabes imaginèrent une renaissance culturelle.

En Égypte, le vice-roi Mohammed Ali et surtout son fils Ibrahim Pacha, qui affirmait « je suis arabe » et affichait le désir de « redonner vie à la nation arabe[3] » dont il fixait les limites partout où l'on parle arabe, furent en quelque sorte gagnés à l'arabisme et détachèrent leur pays de la subordination à l'égard de la Porte tout en mettant en place un vaste programme de changements concernant l'armée, l'administration ou la justice. En même temps, des intellectuels s'intéressèrent de près aux modèles européens de droit, de scolarisation ou de développement économique. Prenant conscience d'une identité arabe, ils mirent l'accent sur l'unité de langue et de culture des Arabes pour jeter les prémices d'une renaissance (*nahda*) qui allait devenir le nationalisme arabe à la fin du XIXe siècle. Le combat pour la langue arabe, symbole même de l'identité, fut au centre des activités des premiers représentants du jeune mouvement national. Ce combat était d'autant plus indispensable que depuis 1839, année marquant le début des réformes ottomanes connues

---

1. Bensaada, Mohammed Tahar. « La théologie de la libération de Mohammed Abdou ».http://oumma.com/article.php3?id_article=2009.
2. La politique du *Tanzimat* fut abandonnée sous le sultan Abdul Hamid, en 1876. Toutefois, l'une des principales réalisations du *Tanzimat* fut la promulgation, à partir de 1876, d'un code civil de droit hanafite (al *Majalla al ahkam al 'adliyya*) qui est resté en vigueur jusqu'en 1926.
3. Abdel-Malek, Anouar. *L'Égypte moderne : idéologie et renaissance nationale*. Paris, L'Harmattan, 2004, p. 243.

sous le nom de *tanzimat*, le turc s'était progressivement imposé dans l'administration et les écoles de l'empire et il allait devenir obligatoire dans la vie administrative, politique et économique[1].

Le premier mouvement arabe d'envergure fut donc celui qui fut désigné sous le nom de *Nahd*a, terme signifiant littéralement le fait de se réveiller, de se lever, et est généralement traduit par « renaissance » en sous-entendant l'émergence de l'idée de nation. Les pionniers de cette renaissance, qui eut trois centres principaux Beyrouth-Damas, Le Caire et Paris, cherchèrent d'abord à « promouvoir la langue nationale arabe, longtemps négligée par les Ottomans, et à la rendre apte à transmettre les nouvelles connaissances qui furent à l'origine du progrès technique et social des pays européens[2] ». Le dessein de faire progresser le peuple arabe par une résurgence culturelle conduisit également les pionniers du nationalisme à accorder aux problèmes de l'éducation une place privilégiée.

Contrairement à une légende, entretenue à dessein, les précurseurs du mouvement ne furent pas uniquement des Arabes chrétiens. Il est constant que le clivage religieux ne fut à aucun moment prépondérant dans l'évolution du mouvement national au sein duquel le fait arabe l'emporta largement sur l'appartenance religieuse. C'est d'ailleurs un musulman réformiste, le cheikh égyptien Rifa'a Rafi el Tahtawi (1801-1873) qui est reconnu comme l'initiateur et le symbole de la *Nahda*. Tahtawi qui s'était rendu à plusieurs reprises en France, entre 1826 et 1831, publia, en 1834, son fameux ouvrage *L'Or de Paris*[3] (*Takhlis al-ibriz fi talkhis Bârîs*) qui est considéré comme l'acte fondateur de la *Nahda* et dans lequel il décrit avec admiration les mœurs, les institutions, les lois et la culture françaises dont il invitait à s'inspirer pour en tirer les éléments d'une modernisation compatible avec l'Islam. Et c'est, bien sûr, ce point qui est important. En effet, Tahtawi n'incitait pas à imiter aveuglément les Européens mais il préconisait de s'inspirer de leur dynamisme pour développer toutes les potentialités des peuples musulmans. Appelant conjointement à une

---

1. CHEVALLIER, Dominique. « Le congrès arabe de Paris à la Société de Géographie » in *La Géographie*, n° 1518, septembre 2005.
2. ABOU-RJAILI, Khalil. « Boutros al Boustani, 1819-1883 » in *Perspectives : revue trimestrielle d'éducation comparée*, Paris, UNESCO, vol. XXIII, n° 1-2, 1993, p. 125-134.
3. EL-TAHTAWI, Rifa'a. *L'Or de Paris* [1834]. Paris, Sindbad, 1988.

renaissance nationale et à une réforme religieuse, il inscrivait son projet de renaissance *dans* et *avec* l'Islam, lequel, selon lui, devait revenir à ses origines progressistes et redevenir un élan de civilisation en rattrapant le retard accumulé sous les Ottomans. Le cheikh d'al Azhar proposait de réformer la Chari'a en utilisant l'*ijtihâd* pour l'adapter aux nouvelles circonstances dans le contexte du monde moderne. Il présentait également des idées intéressantes pour ce qui concerne l'éducation ou l'émancipation de la femme[1], qui sera l'une des revendications permanentes aussi bien des réformistes musulmans que des nationalistes arabes au nom d'une vision éclairée et moderne de l'Islam[2].

Par conséquent, Tahtawi se présente bien comme un réformiste musulman. Il ne peut être totalement détaché du second courant de réaction à l'occidentalisation, celui du réformisme qui tentera précisément de retrouver le caractère dynamique de la Tradition musulmane. De la sorte, Tahtawi combine donc la *Nahda*, la renaissance arabe, et l'*Islah*, la réforme religieuse illustrée par le grand mouvement des penseurs réformistes de la *Salafiya* qui poursuivirent l'élan donné par Jamal al Dîn al Afghani : l'égyptien Mohammed Abdou, les Syriens Abdel Rahman al Kawakibi et Rachid Rida, l'émir libanais Chékib Arslan, lesquels ne seront pas étrangers au développement du mouvement national arabe tant il est vrai que de nombreuses passerelles existaient entre les deux courant, celui de la réforme islamique et celui du renouveau arabe. À commencer par le combat pour la langue arabe – celle du Coran et de la civilisation arabo-musulmane – dont Rachid Rida fera un thème central.

Il est notable que beaucoup des intellectuels rêvant d'une renaissance arabe furent des chrétiens, souvent d'origine syro-libanaises ; ce fut notamment le cas de Nassif el Yazigi et son fils Ibrahim, Boutros el Boustani et Ahmed Farès el Chidiac. L'écrivain et intellectuel Nassif el Yazigi (m. 1871) appartenait à une famille originaire de Homs, grande cité de cette Syrie qu'il allait concevoir comme faisant partie de la nation arabe dont elle constitue effectivement le cœur. Il entreprit de redonner tout son lustre à la langue et à la littérature arabe. Dans ses écrits et dans ses conférences il appelait l'attention sur les richesses de la langue et de

---
1. EL TAHTAWI, Rifa'a Rafi. *L'émancipation de la femme*. Beyrouth, al Bouraq, 2000.
2. EL TIBI, Zeina. *L'islam et la femme*. Paris, Desclée de Brouwer, 2013.

la civilisation arabes ; il invitait ses lecteurs et disciples à être fier d'un patrimoine glorieux appartenant à tous les Arabes et arabophones sans distinction de religion.

Boutros el Boustani (m. 1883) était originaire d'une famille maronite du Chouf libanais. Ayant fréquenté dans sa jeunesse des missionnaires protestants américains qui commençaient à s'implanter au Liban, il adhéra au protestantisme sans que l'on sache s'il le fit par dépit contre le conservatisme de sa communauté ou par calcul afin de trouver les soutiens matériels nécessaires à son œuvre. En effet, les sectes protestantes allaient bientôt apporter des avantages matériels considérables à ceux qui les suivaient. En 1847, il créa la première société littéraire du monde arabe, *Al-Jam'iyah Al-'Ilmiyah Al-Souriyyah* (la Ligue syrienne pour la science), ayant pour objet de favoriser la renaissance de la langue et de la culture arabe. Boustani qui avait été le témoin oculaire des luttes confessionnelles qui tournèrent au massacre entre chrétiens et druzes en 1860, s'était fixé la lourde tâche de réconcilier ses concitoyens. Dès septembre, il fonda l'hebdomadaire *Nafir Souriya* (le *Clairon de la Syrie*) pour défendre un point de vue de réconciliation et d'unité nationale. Il lança un appel aux citoyens pour « oublier leurs discordes, se réveiller et s'unir pour réaliser l'intérêt commun de la nation[1] ». Pour arracher ses concitoyens aux passions confessionnelles et faire progresser l'état d'esprit d'union nationale, Boustani exposa l'idée que l'éducation devait être nationale et non plus communautaire. À cette fin, il fonda l'École nationale « basée sur des principes nationaux et ouverte à tous, sans distinction de confession ou de race ». Il défendit ainsi le principe d'un enseignement non-confessionnel pour dépasser les clivages religieux au profit de la solidarité nationale et patriotique (wataniyya) car il estimait que le plus important est l'union nationale des Arabes de toutes les religions. Il appuya ces théories par la création d'une revue de réflexion, *al Jinan* portant en exergue la fameuse phrase « l'amour de la patrie fait partie de la foi ». Lui-même signait ses articles du pseudonyme de Mouhib el Watan, « celui qui aime la patrie », et il s'adressait constamment à ses concitoyens en les appelant : « Fils de la patrie » (*Abna' al-Watan*). Parmi les principaux collaborateurs de Boustani, Farès Ahmed el Chidiac (m. 1887), un chrétien convertit à

---

1. *Nafir Sourya,* n° 1, 29 septembre 1860.

l'Islam, s'illustra par la publication de *La vie et les aventures de Fariac ; relation de ses voyages, avec ses observations critiques sur les Arabes et sur les autres peuples*[1] et la publication d'une *Encyclopédie arabe* destinée à moderniser la langue arabe et à promouvoir la culture arabe.

Nassif el Yazigi, Boutros el Boustani et Farès Ahmed Chidiac ont été « les pionniers d'une école d'écrivains qui ont trouvé un nouveau domaine où exercer leurs talents dans le développement de la presse périodique arabe[2] ». En effet, le développement de l'imprimerie permit l'éclosion de journaux, de revues, de libelles qui contribuèrent à répandre l'idée de la renaissance. La plupart des publications furent fondées au Caire ou s'y installèrent car leurs rédacteurs durent fuir les persécutions turques après 1875. Le plus important de ces journaux sera le quotidien créé à Alexandrie, dès 1876, par deux Libanais, Sélim et Bichara Taqla, formés, à l'École nationale de Boustani, le fameux *al Ahram* (Les Pyramides) qui est resté l'un des grands organes de presse du monde arabe. Parmi les publications qui eurent une influence importante, il faut citer la revue mensuelle *al-Mouqtataf*, fondée par Yaqoub Sarrouf, Farès Nimr et Châhîn Makâriyous, en 1876 à Beyrouth avant de se fixer au Caire. Djourdji Zaydân auteur de travaux sur l'histoire de la civilisation et la littérature arabes et musulmanes, lancera la revue *al-Hilal* en 1882[3]. Salim Sarkis illustra également le développement de la presse arabe avec son journal *al Moušir* (1894), qui soutenait une position nationaliste et portait en exergue ces vers de l'émir Chékib Arslan.

> « J'ai trouvé dans l'Empire ottoman une nation arabe (*oumma arabiyya*) à laquelle les Turcs se croient supérieure et qu'ils méprisent. Leur seule rancune contre nous, fils des Arabes, est que le plus noble des hommes ne fut jamais un non arabe ! »

---

1. *La vie et les aventures de Fariac ; relation de ses voyages, avec ses observations critiques sur les Arabes et sur les autres peuples.* Paris, B. Duprat, 1855, trad. de l'arabe, *Kitab al-Saq ala al-Saq fi ma huwa al-Faryaq.*
2. HOURANI, Albert. *La pensée arabe et l'Occident*, trad. de l'anglais[1962]. Paris, Naufal, 1991.
3. DUPONT, Anne-Laure. *Ǧurǧi Zaydān (1861-1914), écrivain réformiste et témoin de la Renaissance arabe.* Damas, Institut Français du Proche-Orient, 2006, 760 p.

## Les placards

La situation de l'Empire ottoman, devenu «l'homme malade» de l'Europe, se dégrada dans les années 1875-1880. Le sultan Abdulaziz fut contraint à l'abdication par le grand vizir Midhat, puis il fut assassiné alors que son successeur Mourad V était frappé de démence. Sur le plan militaire et diplomatique, les revers s'étaient multipliés avec les soulèvements de la Bosnie, de l'Herzégovine, de la Bulgarie. Les finances publiques étaient au plus bas, les caisses du Trésor désespérément vides. Le sultan Abdulhalmid II, qui avait remplacé Mourad, tenta un ultime sauvetage de la Sublime Porte. Hostile aux progressistes, il écarta Midhat. Après le nouveau désastre de la guerre avec la Russie (1877-1878), le sultan arriva à retourner la situation diplomatique en sa faveur. Dès lors, il allait jouer deux cartes : se rapprocher de l'Allemagne et professer une sorte de panislamisme dans l'espoir de regrouper autour de sa personne les musulmans de l'empire. Mais c'est à la fois trop peu et trop tardif.

En effet, les Arabes formaient la communauté musulmane la plus nombreuse, mais ils n'avaient aucune confiance dans un système ottoman qui les avaient ignorés et méprisés. L'historien Albert Hourani a pu noter que l'Empire ottoman consacra une bonne partie de ses ressources et de son énergie «à s'étendre en Europe orientale et centrale, puis à contrôler ses provinces européennes[1]». La place des provinces arabes était moindre, réduite à l'importance stratégique de certaines régions, par exemple l'Irak du nord-est face aux Perses, ou à la quantité de revenus que le Porte espérait en tirer.

Avec l'éveil provoqué par la diffusion des publications de la *Nahda*, grâce aux progrès de l'imprimerie, toute une génération d'Arabes qui avaient grandi mal satisfaits de leur situation au sein de l'empire, prit conscience des retards accumulés et des humiliations subies. De surcroît, dans les derniers combats sur le Danube ou dans le Caucase, les contingents arabes, envoyés en première ligne, avaient subi des pertes considérables. La population des régions arabes était excédée de voir ses fils servir de chair à canon. Des groupes clandestins commencèrent à se former pour mener une action politique. Ainsi, en 1877, des notables

---

1. HOURANI, Albert. *An History of the Arab Peoples*. Londres, Faber and Faber Ld, 1991.

de Beyrouth, de Damas, de Saïda, des régions chiites du sud-Liban, se réunirent à Damas pour décider de proclamer un État arabe syrien qui serait dirigé par l'émir maghrébin Abdel Kader, réfugié au Levant, mais qui reconnaîtrait l'autorité morale du Califat ottoman. Les autorités ottomanes firent arrêter les meneurs. Quelques années plus tard, un groupe de jeunes Arabes forma la Société pour la défense des droits du Milleh arabe (*Jamiyyat Hafez Haqouq Al Millah Al Arabiya*) dont le programme prévoyait une coopération des Arabes musulmans et chrétiens pour arracher l'indépendance aux Turcs.

Il est frappant que les Arabes musulmans n'étaient pas mieux disposés à l'égard de la Porte que leurs concitoyens chrétiens. En effet, sur le plan religieux, le conservatisme figé (*taqlid*) et la superstition dont faisait montre Abdulhamid, qui subissait l'influence de gourous mystiques comme le cheikh syrien Abû'l-Houda al Sayyâdî, de la zaouïa (confrérie) Al- Rifa'i[1], lequel était un adversaire acharné du réformisme islamique[2]. À vrai dire alors que les Arabes et l'Islam arabe se tournaient vers le progrès et le réformisme, Abdulhamid proposait une sorte de panislamisme de circonstance, rétrograde et obscurantiste, appuyé sur des pratiques hétérodoxes relevant de la pure superstition et d'un folklore douteux. Il doit être souligné que le mouvement réformiste arabe était général puisqu'au Maroc, resté indépendant depuis plus de dix siècles, le sultan Hassan 1er (m. 1894) avait lancé un vaste programme de réformes pour moderniser le pays et le renforcer[3], tandis qu'en Tunisie Khayr el Dîn (m. 1889), Premier ministre de 1873 à 1877, mit en place, sous l'autorité du bey Mohammed el Sadik[4], des réformes, notamment dans le secteur de l'éducation. Dans son *Essai sur les réformes nécessaires aux États musulmans,* il exposait :

---

1. Ahmad al- Rifa'i, mort vers 1182, est le fondateur de la secte des derviches hurleurs, pratiquant des danses enivrantes et des automutilations.
2. ABU-MANNEH, Butrus. "Sultan Abdulhamid II and Shaikh Abulhuda al-Sayyadi", in *Middle Eastern Studies*, 15, 1979, p. 131-153.
3. SAINT-PROT, Charles. *Mohammed V ou la monarchie populaire.* Paris-Monaco, Le Rocher, 2012.
4. Mohammed el Sadik, dont le règne s'étend de 1859 à 1882, appartenait à la dynastie des Husseinites qui régna en Tunisie de 1705 à 1957. Dès le début du XVIIIe siècle, les Husseinites avaient acquis une quasi-indépendance vis-à-vis de La Porte. Le bey Mohammed el Sadik avait promulgué en 1861 la première constitution tunisienne dont l'un des rédacteurs était Khayr el Dîn.

« Je veux réveiller le patriotisme des oulémas et des hommes d'État musulmans et les engager à s'entraider dans le choix intelligent des moyens les plus efficaces pour améliorer l'état de la nation islamique, accroître et développer les éléments de sa civilisation, élargir le cercle des sciences et des connaissances, augmenter la richesse publique par le développement de l'agriculture, du commerce et de l'industrie, et pour établir avant tout, comme base principale, un bon système de gouvernement d'où naît la confiance, qui produit à son tour la persévérance dans les efforts et le perfectionnement graduel en toutes choses, tel qu'il existe aujourd'hui en Europe[1] ».

La *Nahda* avait permis une prise de conscience de l'identité arabe. La récupération de l'identité devait naturellement conduire à la lutte pour l'indépendance et à la revendication de l'union politique. À partir des années 1875-1880, l'œuvre de renouveau et de restauration culturelle de la *Nahda* prit donc une tournure plus politique, plus militante contre le despotisme du pouvoir central de Constantinople et l'hégémonie des Turcs. De fait, le divorce était prononcé entre la Porte et les Arabes. Des placards nationalistes apparurent à Damas dès 1878, pour l'autonomie de la Syrie au nom de son histoire passée. En 1880-1881, ces placards se multiplièrent à Damas mais aussi à Beyrouth, à Homs ou à Bagdad. On pouvait y lire des déclarations de ce type :

« Compatriotes
Vous connaissez l'insolence des Turcs, leur tyrannie, leur caractère insociable. Vous savez qu'une poignée d'hommes de cette race vous domine, vous assujettit à son joug et fait bon marché de vos existences et de vos biens. Ils ont confisqué tous vos droits, détruit votre honneur et le respect dû à vos lois et croyances. Ils ont créé des règlements qui condamnent votre noble langue à l'oubli et ils emploient tous les moyens pour vous désunir et affaiblir vos forces. Ils usurpent le fruit de vos fatigues, vous privent de la libre circulation dans votre pays et de la libre disposition de vos biens.

---

1. KHAYR EL DIN (Khereddine). *Essai sur les réformes nécessaires aux États musulmans*. Paris, Dupont, 1868, traduction simultanément de l'édition arabe (Tunis, 1868).

Enfin, ils vous ont fermé toutes les voies du progrès. Ils vous utilisent, vous asservissent et vous traitent en esclaves comme si vous n'étiez pas des hommes.

Mais, à votre tour, savez-vous que vous avez été les maîtres, que vous avez produit des hommes illustres dans toutes les branches des connaissances, que vous avez relevé des écoles, peuplé le pays, fait de vastes conquêtes et que c'est sur les bases de votre langue qu'a été édifié le Califat dont les Turcs vous ont ensuite dépouillé… ?

Regardez autour de vous. Voyez comment vos compatriotes sont exposés à la mort et quels traitements on leur fait subir. Voyez de quelle manière sont gérés vos *wakfs*. Contemplez ces immenses terrains devenus déserts…

Il faut songer aux moyens de relever votre pays de ces ruines
En avant, pour briser le joug et vous émanciper.

Apprenez que les temps sont venus où nous devons reprendre nos droits. Secouez votre torpeur. Unissons-nous et marchons à la lumière de la vérité et de la justice. Enhardissez-vous à l'exemple de vos frères qui ont juré de ne pas reculer avant d'atteindre le but qu'ils poursuivent de délivrer la patrie des mains des usurpateurs ou de sacrifier des existences précaires sur l'autel de la liberté[1] ».

D'autres placards annonçaient que le « Comité exécutif » avait décidé de demander : « l'indépendance en commun avec nos frères libanais, nous garantissant les intérêts de la patrie et le bonheur du peuple ; l'emploi de l'arabe comme langue officielle et la liberté complète de la pensée et de la presse : ouvrages, journaux, publications de toutes sortes ; l'emploi de nos soldats au seul service de la patrie pour les soustraire à la servitude des turcs ».

Peu à peu, les populations arabes retrouvèrent une conscience patriotique et unitaire. Un nationaliste arabe, Khairallah T. Khairallah écrira que jamais les Arabes « n'avaient aussi douloureusement senti leur déchéance

---

1. Texte d'un placard de Beyrouth en 1880, reproduit in LAURENS, Henry : « Un exemple de transition : les provinces arabes de l'Empire ottoman et la crise d'Orient (1876-1883) » in *Political Transitions in the Arab World*, Birzeit University, Palestine, 2002.

morale et politique et la tyrannie du maître étranger. L'antagonisme entre Turcs et Arabes naquit et l'on put voir alors se dresser sous le soleil flamboyant de l'Orient, le spectre de la révolte future[1] ».

Cette révolte trouva son hymne grâce à un poème d'Ibrahim al Yazigi (m. 1906). Son fameux chant « Arabes, réveillez-vous ! » deviendra une sorte de *Marseillaise* des groupes nationalistes arabes. Fils de Nassif al Yazigi, Ibrahim, qui collaborait à de nombreuses publications, marqua une nouvelle étape de l'évolution de la *Nahda* vers une revendication plus politique. Avec son poème patriotique, il militait clairement pour l'indépendance des Arabes qu'il invitait à se libérer des Turcs. Quelques années plus tard, c'est une autre œuvre artistique, une pièce de théâtre qui galvanisa le sentiment national arabe. Son auteur Chékri Ghanem (m. 1929), poète et dramaturge, était un militant de la première heure de la cause arabe. En 1910, il fit jouer une pièce au théâtre de l'Odéon à Paris, à la gloire d'un pur héros de la mythologie arabe, Antar Ibn Chadded qui est un peu le Roland des Arabes, symbole de l'esprit chevaleresque et de la bravoure. Ce fut encore le cas du Libanais Khalil Gibran (m. 1931), l'illustre auteur du *Prophète*, qui, installé aux États-Unis, manifesta son soutien au nationalisme syrien en fondant en 1911 un premier cercle littéraire aux États-Unis et en dénonçant dans son discours inaugural le « joug absolu des Turcs sur les Arabes et les peuples arabophones ».

Avec les progrès de l'enseignement, le développement de la presse et l'émergence d'une élite intellectuelle, l'idée du nationalisme arabe allait peu à peu se former et se répandre.

## Un pionnier : Kawakibi

La *Nahda*, pas plus que le mouvement national qui la suivit, ne peut être conçue comme la naissance d'une nouvelle identité arabe, fruit d'on ne sait quelle modernité et d'une sorte de mimétisme avec le développement politique en Europe. Au contraire, le nationalisme arabe fut tout simplement une réaffirmation de soi, une reprise de possession des

---

1. KHAIRALLAH, Khairallah T. *Les problèmes du Levant. Les régions arabes libérées*, ouvrage précité.

Arabes de leur identité et, par voie de conséquence, une réintégration dans l'Histoire. Ce mouvement de réintégration allait poursuivre une progression de plus en plus précise. On vit peu à peu l'impulsion littéraire et culturelle de la *Nahda* évoluer vers une aspiration politique plus affirmée et, du même coup, vers les prémices d'un nationalisme arabe dont le pionnier le plus hardi fut un Syrien issu d'une ancienne famille musulmane de scientifiques et de religieux installée à Alep, en Syrie[1].

Né à Alep, en 1855, Abdel Rahman el Kawakibi avait étudié à l'école al Kawakibiya, créée par son grand-père, avant de fonder, en 1877, le premier journal arabe alepin, *al Chahba* (la « rousse », le surnom d'Alep) dans lequel il s'opposa vigoureusement à l'Empire ottoman, cause selon lui du déclin de l'Islam et de l'oppression des Arabes. Il affirmait que le despotisme ottoman a été la cause du déclin et conduit aux retards accumulés en ralentissant le développement des sciences et de la connaissance. Ses positions novatrices lui valurent l'hostilité des milieux conservateurs et, surtout, de l'administration turque. Le journal *al Chahba* fut interdit et Kawakibi devint la cible des services de renseignements ottomans qui ne laissèrent plus aucun répit à ce chantre du nationalisme arabe.

En 1899, Kawakibi s'exila en Égypte où il rallia le groupe des musulmans réformistes de la *Salafiya* réuni autour de Mohammed Abdou et de Rachid Rida. Les deux hommes n'étaient d'ailleurs pas insensibles aux causes arabes. Mohammed Abdou avait fui les bords du Nil à la suite de l'invasion britannique de 1882 qui avait renversé le général nationaliste Ourabi Pacha. Rachid Rida rêvait pour sa part d'un réveil arabe, prélude d'un renouveau islamique. Kawakibi se lia d'amitié avec Rachid Rida et collabora à la revue *al Manar* (le phare), fondée en 1898 et devenue le creuset d'une pensée musulmane moderne visant à rallier les groupes divisés par l'Histoire, à affirmer la solidarité de la communauté musulmane et à dynamiser la Tradition grâce à la pratique de l'*ijtihâd*. Dans le *Manar*, Kawakibi continua à exprimer ses idées hostiles au despotisme de la Porte qu'il analysera également dans son livre *Taba'i al Istibdad* (Les caractéristiques du despotisme) écrit en 1901. Dans la ligne du réformisme musulman, ses articles appelaient à la Réforme (*Islah*) et

---

1. Voir KAWAKIBI, Salam. « Un réformateur et la science » in *Le courant réformiste musulman et sa réception dans les sociétés arabes*. Damas, Institut Français du Proche-Orient, 2003.

développaient une pensée politique réfléchissant sur les rapports entre pouvoir et religion. Il dénonçait vigoureusement les conservateurs religieux en faisant valoir qu'ils « tiennent davantage à conserver des privilèges qu'à appuyer le nécessaire changement », et il les accusait de faire le jeu du despotisme qui a tout intérêt à entretenir l'ignorance. Il rappelait que l'Islam bannit le despotisme (*Istibdât*) qui est le propre de celui qui s'affranchit de la Loi divine, il invitait les dirigeants à mettre leur pouvoir au service de la communauté et de l'intérêt commun (*maslaha*), selon les principes du droit public islamique et dans le respect des prescriptions divines supérieures. Il exposait également que le seul moyen de libérer le monde musulman et de le faire évoluer était la diffusion de l'enseignement et de la science, étant précisé que ce n'est pas l'Islam qui est la cause de la décadence ou des retards mais une mauvaise application de la religion et le manque d'effort d'interprétation. Comme tous les réformistes, il faisait donc appel à la nécessité de l'effort d'interprétation, l'*ijtihâd*.

Par ailleurs, Kawakibi, estimait, à l'instar de Rachid Rida, que les Arabes ont un rôle exemplaire à jouer dans le renouveau du monde musulman. Dans son plus célèbre ouvrage, *Oum al Qura* (*La mère des cités,* 1900), il imagina une conférence rassemblant des savants musulmans s'employant à analyser la crise de leur religion. Il défendait l'idée d'une nation arabe indépendante et préconisait le retour d'un califat arabe issu de la famille du Prophète car, selon lui : « la péninsule Arabe et ses habitants doivent s'occuper de la vie religieuse (…). Attendre cela d'un autre peuple est une pure plaisanterie ». Il précisait que ce califat ne serait en rien despotique mais devrait se baser sur la *Choura,* ce système de consultation qui est l'un des principes essentiels du droit public islamique. Selon l'auteur, le calife arabe devrait être élu par un conseil des musulmans représentatifs des divers pays, il aurait une autorité morale, il se chargerait de l'administration des Lieux saints et des affaires religieuses sans intervenir dans les affaires politiques des divers États musulmans mais, en cas de différends entre eux, il aurait l'obligation de déployer tous ses efforts pour permettre de les résoudre. Pour ce qui concerne la conduite des affaires de l'État, Kawakibi restait dans la ligne orthodoxe en rappelant que le dirigeant ne jouit pas d'un pouvoir absolu, il doit respecter la loi, faire appliquer la justice, promouvoir le bien et dénoncer le mal. C'est dans ces conditions que l'ouvrage invitait finalement au réveil arabe, au nom de la liberté et de la lutte contre le despotisme.

Dans ses *caractéristiques du despotisme*, l'intellectuel syrien adressa aux Arabes cette vigoureuse apostrophe :

> « Suis-je devant des vivants qu'on salue ou devant des morts pour qui l'on doit implorer miséricorde ? Malheureux, vous n'avez ni le repos des morts ni la force des vivants. Jusques à quand vous complairez-vous dans votre léthargie ? Réveillez-vous avant que la main du destin ne s'appesantisse sur vous !
> Dieu vous pardonne ! Il vous a créés comme la lumière et la brise. Qu'avez-vous fait de votre liberté ? Vos père ne s'inclinaient que devant Dieu et ils dorment maintenant droits dans leurs cercueils, fiers jusque dans la mort, pendant que vous, dans la vie, vous êtes comme pliés en deux, tellement vous vous êtes inclinés…
> Arabes musulmans, le despotisme est la plus grande des iniquités. Renversez-le si vous êtes croyants ! Arabes non musulmans, oubliez les vieilles inimitiés… Vous devez trouver un moyen de faire l'union. Voyez l'Autriche-Hongrie, les États-Unis d'Amérique, leur évolution a rendu possible la solidarité nationale abstraction faite de la religion. Pourquoi ne pas suivre cette direction et dire à ces étrangers [*i.e.* les Turcs] qui ne parlent pas notre langue : laissez-nous gérer nos propres affaires !
> Unissons-nous en proclamant : Vive la Nation ! Vive la Patrie !
> Revivons libres et fiers ! »

L'apport essentiel de Kawakibi est le lien qu'il a établi entre le réformisme islamique et le jeune nationalisme arabe en démontrant que non seulement l'un et l'autre ne s'opposent pas mais, au contraire, se complètent. Après la Seconde Guerre mondiale, Nasser et les penseurs du Baas, notamment Michel Aflak, ne diront pas autre chose[1]. À bien des égards, il a également proposé des solutions nouvelles à des problèmes qui continuent d'intéresser les peuples arabes : le despotisme, l'injustice

---
1. Voir NASSER, Gamal Abdel. *Falsafat al Saoura* (Philosophie de la révolution). Le Caire, 1954/ AFLAK, Michel. « Commémoration du Prophète arabe ». *Le Ba'th et le patrimoine*, traduit de l'arabe. Bagdad, Dar al Mamoun, 1982.

sociale, le conservatisme des responsables religieux. L'œuvre de Kawakibi, qui est véritablement à la jonction de l'*Islah*, le réformisme islamique, et du nationalisme arabe, remporta un vif succès au point que les services du régime ottoman – qui avaient décidé de réprimer le mouvement indépendantiste – multiplièrent leurs efforts pour l'assassiner. Il fut empoisonné dans un café du Caire, en 1902. Sa mort tragique, le souffle original et enthousiaste de son œuvre, son réel talent d'écrivain en font un personnage de premier plan du nationalisme arabe dont il fut à la fois le pionnier et le martyr.

Avec Abdel Rahman el Kawakibi, l'idée de l'unité arabe était sortie du cadre purement culturel pour aborder le champ politique. Elle était déjà dans sa deuxième phase, celle qui allait trouver son accomplissement après la révolution des Jeunes Turcs (1908) et avec le Congrès national arabe de Paris, en 1913. Cette évolution allait être l'œuvre d'une génération d'intellectuels et de militants arabes qui aspirèrent à faire renaître l'arabisme et à faire entrer leur nation dans le monde moderne[1].

---

1. DAKHLI, Leyla. *Une génération d'intellectuels arabes. Syrie et Liban (1908-1940)*. Paris, Karthala, 2009.

# 2

# LE CONGRÈS NATIONAL ARABE DE PARIS

À la suite de la construction du canal de Suez par Ferdinand de Lesseps et des ingénieurs français puis de son ouverture en 1869, la région était devenue un enjeu stratégique majeur. La Grande Bretagne s'intéressait de près à cette nouvelle route vers son empire des Indes. En même temps, elle renforçait ses positions dans le golfe Arabe où elle imposait un protectorat sur le Bahreïn (1880), plaçait sous tutelle les petits émirats de la Côte de la Trêve (1892) et favorisait dans la petite ville de Koweït, sous-préfecture de la province irakienne de Bassora, les ambitions autonomistes d'un certain Moubarak al Sabah qui avait assassiné une partie de sa famille pour prendre le pouvoir. Les chefs arabes s'étaient insurgés contre cette sécession de Koweït, organisée par les Britanniques, tout en reprochant vivement aux Turcs de ne pas défendre l'unité de l'Irak.

Pour leur part, les Ottomans – qui exerçaient une suzeraineté sur le Hedjaz – voulurent assurer leurs positions dans la mer Rouge en attaquant le Yémen où ils contrôlaient le port d'Hodayda. Ils s'emparèrent de Sanaa et de toute la côte jusqu'au territoire d'Aden occupé par les Anglais. En 1890, le nouvel imam, Mohammed Ibn Yahya Hamid el Dîn, qui avait été proclamé dans la montagne où étaient réfugiées les dernières forces nationales, brandit l'étendard de la résistance et ses troupes assiégèrent les Turcs qui furent contraints d'envoyer des renforts face à une insurrection générale dont ils ne viendraient jamais à bout. En 1905, l'imam Yahya qui avait succédé à son père fit sérieusement vaciller les forces turques au point que Constantinople dut encore envoyer des renforts. C'est dans ce contexte que des régiments arabes refusèrent d'aller combattre contre les Yéménites. En septembre 1905, une mutinerie éclata à Port Saïd sur un bateau de transport turc qui avait à son bord quelques centaines de soldats syriens exigeant leur rapatriement. Ainsi les Arabes du Levant prenaient-ils fait et cause pour leurs frères du Yémen.

À la même époque, en 1902, le descendant des Saoud, Abdelaziz Ibn Saoud, chassait du Riyad et du Nedjed le cheikh Ibn Rachid, un chef de tribu rallié aux Ottomans qui fut refoulé dans le nord de la Péninsule aux limites de la Syrie et de l'Irak, et le Saoud restaurait les droits de sa famille sur le Nedjed dont il allait reconstituer l'unité. Désormais, les Turcs qui avaient successivement perdu les territoires que la France allait unifier sous le nom d'Algérie après sa conquête de la régence d'Alger en 1830, puis la Tunisie devenue entièrement autonome au XIX$^e$ siècle et, enfin, l'Égypte qui s'était soulevée sous Mohammed Ali, étaient sur la défensive dans tout le monde arabe.

Bien entendu, le vacillement de l'Empire ottoman attisa les appétits des puissances. L'Allemagne jouait la Porte. Les Anglais consolidaient leur présence au Caire où ils avaient débarqué en 1882 et commençaient à nouer des relations avec des tribus druzes du Chouf pour contrebalancer l'influence française auprès des maronites et l'influence russe auprès des orthodoxes. Les missions américaines étaient de moins en moins évangéliques et de plus en plus portées au prosélytisme politique, menant au profit des États Unis une politique s'appuyant sur l'argent et l'enseignement. La France, qui tenait les territoires entre la Tunisie et le Maroc depuis 1830, avait acquis un protectorat en Tunisie durant l'année 1881 et lorgnait désormais sur le Maroc, ne pouvait rester indifférente au jeu allemand en Turquie et certains hommes politiques et intellectuels s'intéressaient de plus en plus au mouvement national arabe. C'est dans ce contexte que Paris allait devenir le nouveau centre de gravité de ce mouvement.

L'assassinat de Kawakibi avait démontré toute la détermination du sultan ottoman de lutter contre le courant national dans les régions arabes occupées. Au fil des années la répression s'était durcie, les agents de la Porte n'hésitant pas à poursuivre les activistes jusqu'en Égypte. Paris était un endroit idéal pour trouver refuge. De fait, de nombreux intellectuels et étudiants du Levant y séjournaient. Il était clair que Paris avait une carte maîtresse à jouer. Hélas, face à l'activisme de Berlin et au jeu britannique, l'État républicain, enfermé dans les sordides calculs de politique intérieure, sans vision à long terme et sans continuité, prisonnier de slogans idéologiques et affligé d'une classe de politiciens médiocres, était, à l'instar de tous les faibles, saisi de frayeur à l'idée de tout changement. Faute de courage et d'influence, le gouvernement de la III$^e$ République en restait au vieux dogme de l'intégrité de «l'homme malade» dont il était pourtant clair que la dislocation était inéluctable. En 1908, la victoire des Jeunes Turcs, affichant des opinions laïques et franc-maçonnes, allait même créer un courant de sympathie dans quelques cercles républicains. Pourtant, d'autres milieux français étaient favorables à la revendication arabe et ils le seraient d'autant plus dans l'avenir que l'Allemagne allait choisir l'option de l'alliance avec les Turcs.

## Azoury : le réveil de la nation arabe

Le premier instigateur d'un mouvement de libération arabe en France fut un Syro-libanais chrétien, diplômé de l'enseignement supérieur français et ancien fonctionnaire du pouvoir ottoman à Jérusalem en Palestine. Négib Azoury avait abandonné son poste pour venir s'installer à Paris où il créa la Ligue de la patrie arabe sur le modèle de la Ligue de la patrie française fondée par Maurice Barrès et Jules Lemaitre, en 1898. Un ancien haut fonctionnaire français, Eugène Jung, joua un rôle non négligeable dans cette entreprise qui fut suivie de la publication d'un journal mensuel en français, *l'Indépendance arabe* de 1907 à 1908. Un certain nombre d'intellectuels et fonctionnaires français y contribuèrent : Albert Vandal, de l'Académie française, l'historien Anatole Leroy-Beaulieu de l'Académie des sciences morales et politiques, le diplomate et futur parlementaire Victor Bérard, le journaliste et essayiste monarchiste Jean Joseph Cornély, l'historien René Pinon, le juriste Alexandre Mérignhac, le commandant Albert Riondel[1].

L'œuvre la plus significative d'Azoury reste son fameux ouvrage, publié en 1905, *Le réveil de la nation arabe dans l'Asie turque*[2], dans lequel il exposait ses idées sur l'avenir des régions arabes. À vrai dire, ce livre n'était

---

1. Jung, Eugène. *La révolte arabe, de 1906 à la révolte de 1916*. Paris : Librairie Colbert ch. Bohrer, 1924.
2. Azoury, Négib. *Le réveil de la nation arabe dans l'Asie turque en présence des intérêts et des rivalités des puissances étrangères, de la curie romaine et du patriarcat œcuménique : partie asiatique de*

qu'une préface destinée à préparer un grand traité intitulé *La Patrie arabe*, une étude approfondie sur l'état et de l'avenir des pays arabes dont les circonstances firent qu'elle ne vit jamais le jour. À vrai dire, la portée de l'action de Négib Azoury et l'influence de sa ligue resteront assez limitées, ne dépassant pas quelques cercles d'initiés malgré les efforts déployés par l'intéressé qui est loin d'avoir eu l'influence d'un Kawakibi dont il reprit d'ailleurs de nombreuses théories, telle celle d'un califat arabe. En tout cas, il se prononça clairement en faveur d'une séparation de l'empire ottoman. C'est même son apport essentiel. En 1905, la Ligue de la patrie arabe lança un appel aux puissances afin qu'elles apportassent leur soutien au projet d'un empire arabe ou une « confédération d'États arabes » assurant « la prospérité et le bonheur de plusieurs millions d'hommes » et qui mettrait fin « à la corruption et à l'oppression des fonctionnaires turcs et ferait renaître l'antique civilisation qui a illustré l'Arabie au Moyen-Âge ».

À la fin de la même année, dans un manifeste destiné « à tous les citoyens de la Patrie arabe asservie aux Turcs » et envoyé en Syrie, au Liban, en Palestine et en Mésopotamie (Irak), la Ligue de la patrie arabe adressa également un appel au peuple arabe :

« La Patrie arabe aux Arabes !
Chers compatriotes,
Chacun de nous peut constater à chaque instant combien le titre glorieux et illustre de citoyen arabe est devenu vil et méprisable dans la bouche des étrangers de toutes nations et des Turcs en particulier. Chacun de nous voit également à quel degré de misère et d'ignorance nous sommes arrivés sous la tyrannie de ces barbares venus du centre asiatique. Notre pays qui est le plus riche et le plus beau de toute la terre est désert et aride. Quand nous étions libres, nous avons conquis en moins de cent ans l'Orient et l'Occident, nous avons répandu partout les sciences, les lettres et les arts et nous avons dirigé pendant plusieurs siècles la civilisation

---

*la question d'Orient et programme de la Ligue de la patrie arabe.* Paris : Plon-Nourrit, 1905, 257 pages.

du monde. Mais, depuis que les descendants d'Orthogroul[1] ont usurpé le califat de l'Islam, ils nous ont abrutis pour mieux nous exploiter […].

C'est nous seuls qui formons la force des Turcs aux yeux des Puissances ; nous sommes la masse ethnique la plus considérable et la plus vaillante de l'empire du Sultan […]. Les provinces arabes sont pour les gouverneurs turcs et circassiens un paradis terrestre […]. C'est encore nous qui fournissons les deux tiers du budget de l'empire […].

Quelle est notre part dans cet immense empire que nous maintenons, la misère, l'ignorance et l'oppression […].

C'est pour sauver notre chère patrie de tous ces maux et lui rendre sa liberté et son ancienne splendeur, que nous avons fondé la ligue […].

Voici notre programme :

Nous voulons nous détacher complètement de la Turquie et fonder un Empire Arabe comprenant tous les pays arabes asiatiques, s'étendant dans les limites de ses frontières naturelles, depuis la vallée du Tigre et de l'Euphrate jusqu'à l'isthme de Suez et depuis la Méditerranée jusqu'à la mer d'Oman.

La forme de gouvernement sera un Sultanat constitutionnel libéral et progressiste. Notre souverain sera Arabe et Musulman.

Nous formerons avec le vilayet du Hedjaz, la ville et le territoire de Médine jusqu'au golfe d'Akaba un émirat indépendant du nôtre, dont le souverain, également arabe, sera en même temps le Calife universel de l'Islam[2] ».

Il est notable qu'à l'instar des intellectuels de la *Nahda*, Azoury limitait encore les frontières de la nation arabe au Machrek (péninsule Arabe, Irak, grande Syrie jusqu'au Nil). Sans doute ce francophile convaincu ne souhaitait-il pas indisposer la France qui était en train de consolider ses positions au Maghreb. Dans leur partie de bras de fer avec les Turcs, les nationalistes arabes devaient également ménager les Britanniques

---

1. Orthogroul (ou Ertuğrul) est le prédécesseur d'Othman (m. 1326), fondateur de la dynastie ottomane.
2. Cit. par JUNG, Eugène. *Les Puissances devant la révolte arabe. La crise mondiale de demain.* Paris, Hachette, 1906, p. 24-27.

présents sur les bords du Nil. Mais, l'Égypte, de langue arabe, ne leur était pas étrangère puisque nombre d'entre eux s'y étaient installés pour développer leurs activités. Le Maghreb non plus et il avait même été envisagé de confier le califat arabe au prestigieux émir maghrébin Abdel Kader (m. 1883) qui était l'un des hommes les plus respectés du monde arabe.

À vrai dire, à ce stade du développement du mouvement national arabe, c'est bien l'Empire ottoman qui constituait l'adversaire principal. Or, en 1908, cet empire sembla connaître une évolution qui pouvait laisser entrevoir une amélioration de la situation des régions arabes placées sous sa coupe. L'espoir allait être de brève durée.

## Les sociétés arabes

Sous le règne du sultan Abdulhamid, un Comité Union et Progrès (CUP) s'était constitué dans les milieux militaires à Salonique en 1895. Certains membres de comité, affichant des convictions libérales et décentralisatrices, militaient pour le rétablissement de la constitution de 1876. En même temps, d'autres membres du comité, les Jeunes Turcs, défendaient des convictions nationalistes turques. Leur objectif était de freiner le déclin de l'empire et restaurer la grandeur de la Turquie.

En 1908, le Comité Union et Progrès, qu'on appela communément les Jeunes Turcs, fit une sorte de coup d'État contre le pouvoir absolu du sultan-calife. Les mots liberté, constitution, égalité furent répétés à satiété. Le groupe franc-maçon appelé le Grand Orient Ottoman offrit un soutien d'autant plus enthousiaste à la révolution jeune-turque du Comité Union et Progrès que celui-ci comprenait de très nombreux maçons[1]. Le quotidien parisien *Le Temps* du 20 août 1908, a pu rapporter ces propos de Refik bey, l'un des principaux chefs du d'Union et Progrès : « Nous nous y réunissions dans les loges comme maçons parce qu'en effet un grand nombre d'entre nous sont francs-maçons ; mais, en réalité, nous nous y réunissions pour nous organiser. En outre, nous choisîmes une

---

1. ANDUZE, Eric. *La Franc-Maçonnerie au Moyen-Orient et au Maghreb. Fin XIXe-début XXe siècle.* Paris, L'Harmattan, 2005.

grande partie de nos camarades dans ces Loges, qui servaient à notre Comité comme de crible, en raison du soin avec lequel elles faisaient leurs enquêtes sur les individus ». Du coup, le mouvement obtient de nombreux soutiens en France et en Grande Bretagne et une partie des médias de ces deux pays s'employèrent à en donner une image positive.

Dans un premier temps, la Constitution fut remise en vigueur et le parlement fut rétabli. Des élections furent organisées. Le parlement, où les Turcs étaient surreprésentés, fut convoqué en décembre 1908. Les députés arabes représentaient les régions de Syrie (Liban, Palestine), de Mésopotamie, du Hedjaz, et de la partie occupée du Yémen. Entre-temps, des intellectuels, hauts fonctionnaires et officiers arabes vivant dans la capitale ottomane crurent que le moment était venu de faire entendre leur voix. Il existait déjà à Constantinople des cercles d'étudiants et d'intellectuels dont l'objet était de maintenir le contact entre les Arabes de la capitale ottomane mais la révolution de 1908 semblait permettre à ces cercles de sortir de la clandestinité. Sous l'impulsion du Syrien Chéfik al Mouayad, fut créée une association, *al Jam'iyat Al-Ikhâ' Al-»Arabî Al-'Uthmânî* (la ligue de fraternité arabo-ottomane) destinée à prendre contact avec le Comité Union et progrès de façon à étudier les modalités d'une autonomie des régions arabes, selon les principes évoqués par le manifeste des Jeunes Turcs. Sans remettre en question la fidélité au sultan, la ligue avait pour but de promouvoir le bien-être des provinces arabes de l'empire en veillant à l'instauration d'une réelle égalité entre ethnies, et de travailler au développement de l'éducation en arabe et au respect des coutumes arabes. Il s'agissait donc de revendiquer un nouveau statut pour les Arabes.

On a souvent répété que le mouvement n'était pas indépendantiste à l'origine et s'inscrivait dans l'ottomanisme. En vérité, la prudence de la revendication initiale peut s'expliquer par le fait que les membres d'*al Ikhâ* étaient de hauts fonctionnaires civils et militaires et, pour la plupart, sans doute soucieux de ne pas compromettre leurs situations. Pourtant, sans que cela fut dit expressément, pour beaucoup l'évolution du statut des Arabes devait être une étape vers un élargissement des libertés, voire vers une future indépendance comme le proclamaient d'ailleurs des groupes arabes installés à l'étranger, notamment en France. En tout cas, lorsque le moment de la rupture serait venu, les responsables arabes ne se déroberaient pas et beaucoup allaient payer de leur vie leur engagement pour la cause nationale.

En décembre, *Al-Ikhâ' Al-»Arabî Al-'Uthmânî* accueillit les députés arabes au parlement ottoman lors d'une grande réception. De nombreux députés adhérèrent à l'*Ikhâ*. D'autres sociétés de même nature, ou aux revendications plus exigeantes, se constituèrent dans les régions arabes. Des intellectuels créèrent également à Constantinople une association culturelle, *al Muntada al Adabi* (le cercle littéraire) et une revue. Parmi les animateurs de l'association se trouvaient Abdel Karim el Khalil, Sâlih Haïdar (de Baalbek), Rafîk Salloum (de Homs), Jamîl el Hussseini (de Jérusalem), Youssouf Mukhaybar (de Baalbek) et Saïf al Dîn el Khatib (de Damas). Tous ces groupes espéraient un changement négocié avec les Jeunes Turcs. À vrai dire, les espoirs des Arabes étaient bien naïfs. Il suffisait de lire plus attentivement le programme des Jeunes Turcs pour être moins optimistes. En effet, les principaux points étaient les suivants :

- maintien du sultanat et du califat ottoman ;
- refuser toute intervention étrangère ;
- ne pas reconnaître d'autonomie complète ou même d'autonomie administrative aux nations composant l'empire ;
- considérer comme des ennemis les éléments militant pour une autonomie administrative ou complète dans l'empire et à plus forte raison ceux qui cherchaient une séparation ;
- abolir tous les privilèges nationaux et individuels octroyés précédemment ;
- affirmer le principe que dans l'Empire ottoman, il n'existait qu'un seul peuple, une seule nationalité.

En 1909, le sultan tenta une contre-révolution mais les Jeunes Turcs reprirent le pouvoir le 31 mars et déposèrent le sultan le 13 avril. Après le renversement d'Abdulhamid, on allait assister au durcissement du pouvoir du Comité Union et Progrès tandis que le nouveau sultan, Mehmet V, serait désormais cantonné dans un rôle purement honorifique.

L'historien Jacques Bainville a pu noter qu'au lieu de régénérer l'Empire ottoman, « la révolution en hâta la décadence[1] ». En effet, les nouveaux maîtres du pouvoir ne se souciaient pas de redresser un empire multiculturel et tolérant, respectueux des diversités, ils voulaient tout uniment sauver la domination turque sur les provinces occupées. Adeptes du touranisme, les dirigeants d'Union et progrès étaient avant tout imprégnée de l'idéologie panturquiste. Dans ces conditions, ils renforcèrent une politique de « turquification » à outrance, en particulier en exigeant que le turc fût la langue d'enseignement dans toutes les écoles publiques de l'empire. L'affichage d'un ethnocentrisme turc sans mesure fut parmi les facteurs qui stimulèrent une intensification du sentiment nationaliste arabe. Il n'était plus question du moindre dialogue avec les sociétés représentants les autres nationalités non-turques. Au contraire, celles-ci furent dissoutes. L'espoir d'une évolution du sort des régions arabes dans le giron ottoman s'effondrait. Les Arabes se plaignirent d'être moins bien traités. Alors que les douze millions d'Arabes représentaient la moitié de la population ottomane, ils trouvaient médiocre la place faite à leurs représentants dans le gouvernement et dans l'administration (deux gouverneurs généraux sur vingt-quatre), insuffisante le nombre de leurs parlementaires puisqu'ils n'avaient que 65 députés sur 240 et seulement 4 sénateurs sur 40. De plus en plus d'Arabes commençaient à prendre conscience que le pouvoir ottoman était, depuis des siècles, responsable de la décadence et du sous-développement de leurs régions.

Les militants fondent des sociétés destinées à défendre les intérêts arabes. L'une de ces sociétés qui eut l'influence la plus notable, fut instituée en France, en 1909, sous le nom de *Jam'iyat al Arabiya al Fatat*, la Ligue de la jeunesse arabe. Après la Ligue de la Patrie arabe d'Azoury, puis le Comité central pour la Syrie créé à la fin de 1908 par les frères Moutran, originaires de Baalbek, cette troisième association arabe fondée à Paris allait être celle qui jouerait un rôle déterminant. La *Jam'iyat al Arabiya al Fatat*, connue sous l'abréviation de *Fatat*, était une association de militants – principalement des intellectuels et des étudiants – venus de Syrie, du Liban, de Palestine et d'Irak. Ses dirigeants étaient Aouni Abdel

---

1. BAINVILLE, Jacques. *Le coup d'Agadir et la guerre d'Orient*. Paris, Nouvelle librairie nationale, 1913.

el Hadi, Jamil Mardam bey, Mohammed Roustoum, Abdel Ghani el Uréissi, Ahmed Qadri, Mohammed Mahmassâni, Taoufik el Nâtour, Rafik Tamimi. Selon Ahmed Qadri, que l'on retrouvera dans les combats de la Grande Révolte de 1916[1], le programme d'*al Fatat* ne mentionnait pas l'indépendance mais celle-ci était l'objectif suprême[2]. Elle travaillait à l'indépendance du monde arabe, à la libération du joug ottoman et refusait toute domination étrangère. Bien structurée et disciplinée, la ligue se dota également d'une publication *al Moufid* dirigée par Abdel Ghani el Uréissi, et elle ouvrit des bureaux dans plusieurs régions arabes. À la suite du congrès général arabe de 1913, les dirigeants d'*al Fatat* allaient regagner les régions arabes où ils s'employèrent à étendre l'influence du mouvement, en particulier à Beyrouth et à Damas.

Une autre sociétés arabe influente avait été établie à Constantinople, à la fin de l'année 1909, par des officiers et des notables : Aziz Ali el Masri, un officier égyptien qui était le chef du groupe, Salim el Djazaïri, un officier musulman de Damas, Amin et Adil Arslan, de la principale famille druze du Liban, le *Sayid*[3] Abdulhamid el Zahraoui (ou Zahrawi), député de Homs au parlement ottoman et réformiste musulman proche de Rachid Rida, Khalil Himmâda de Beyrouth, Amin Kazma, un chrétien de Homs, Safouat el Awwa de Damas, Ali Nachâchibi, d'une grande famille palestinienne de Jérusalem, et Chékri el Asali, de Damas[4]. L'association prit le nom de l'ancêtre éponyme des Arabes, Kahtan[5], et cette *Kahtâniyya*, réclama une large décentralisation. Après son démantèlement par la police ottomane, la société se reconstitua sous le nom d'*Al Ahd* (le Pacte) qui, sous la direction d'el Masri et de Djazaïri, regroupa des comités de militaires étendant leur influence dans de nombreuses régions arabes, notamment en Syrie et en Irak avec Taha el Hachémi, Maouloud Moukhlis, Ali Jaoudat el Ayyoubi, Jamil Madfaï, Abdallah el Doulimi, Jafar el Askari, Nouri Saïd. À Mossoul, au nord de l'Irak, une section était dirigée par Yassine el Hachémi.

---

1. QADRI, Ahmed. *Mouthakarati an al Saouret al Arabiyyet al Koubra* (Mes mémoires de la Grande Révolution arabe). Damas, 1956.
2. CHOUEIRI, Youssef M. *Arab Nationalism, an History.* Oxford, Blackwell pub., 2000.
3. Ce terme désigne les descendants du Prophète Mohammed.
4. ANTONIUS, George. *The Arab Awakening. The Story of the Arab National movement.* Londres, Hamish Hamilton, 1938.
5. Ou Cattan ou Qahtan.

En décembre 1912, une autre organisation fut créée par des Syriens réfugiés en Égypte. Le *Hizb al Lâmarkaziyya al 'Idâriyya al Uthmânî* (Parti ottoman de la décentralisation administrative) eut pour chefs de file Rafik el Azm, d'une prestigieuse famille de Damas et un fidèle disciple d'Abdel Rahman el Kawakibi, le cheikh Rachid Rida, figure de proue du mouvement islamique réformiste et directeur de l'influente revue *al Manar*, le cheikh Abdulhamid el Zahraoui, Iskandar Ammoun, un Libanais chrétien, Fouad el Khatib, du Liban, Hafez el Saïd de Jaffa, Ali Nachâchibi de Jérusalem. Le mouvement qui attirait à lui des hommes d'expérience ayant des fonctions importantes dans la vie intellectuelle et publique, allait connaître un bel essor. Il revendiquait principalement une large décentralisation dans toutes les provinces de l'empire, de profondes réformes administratives, la reconnaissance de l'arabe comme langue officielle dans les régions arabes et le développement de l'enseignement en arabe. Le programme officiel du parti visait à obtenir une très large décentralisation. Selon ses statuts :

> « L'État ottoman est un État constitutionnel doté d'un gouvernement parlementaire représentatif. Chacune de ses *vilayas* constitue une part inséparable du sultanat, lui-même indivisible dans quelque circonstance que ce soit. L'administration locale de chaque *wilaya* se fera cependant sur la base de la décentralisation, étant entendu que le sultan nommera le *wali* et le juge suprême (article 1) ;
> Dans la capitale de chaque *wilaya* seront mis sur pieds une assemblée générale, un conseil administratif, un conseil de l'éducation et un conseil des *waqf* (article 4) ;
> Chaque *wilaya* aura 2 langues officielles, le turc et la langue locale des habitants (article 14), cet article concernant plus particulièrement les provinces arabes qui revendiquent le droit d'avoir l'arabe comme langue officielle ;
> L'éducation se fera dans chaque *wilaya* dans la langue des habitants de cette *wilaya* (article 15), ce qui implique encore que l'enseignement dans les provinces arabes se fera en arabe ».

Le parti de la décentralisation entretenait des relations étroites avec les autres associations formées dans les diverses régions arabes, en particulier le Comité des réformes de Beyrouth, animé par Salim Ali

Salam, Ahmed Hassan Tabbara et Ahmed Moukhtar Beyhoum, un musulman réformiste qui était un défenseur de la cause de l'émancipation des femmes. Ce comité essaimera dans plusieurs provinces arabes, notamment à Damas, Alep, Acre, Naplouse, Bagdad et Bassora. Inquiet de l'audience du Comité des réformes dans les régions arabes, le régime ottoman prononça sa dissolution fin avril 1913 et arrêta ses principaux dirigeants, provoquant des manifestations de protestation à Beyrouth et dans plusieurs autres villes.

Après 1909, les relations se tendirent entre Arabes et Turcs dans la mesure où aucune des revendications des Arabes n'avaient été prise en compte par le régime turc qui restait, une fois de plus, aveugle et sourd dans sa relation avec ses provinces arabes. Le quotidien parisien *Le Temps* constatait dans un éditorial publié le 5 avril 1910 sous le titre « Arabes et Turcs » :

> « Depuis que les Turcs ont pris la succession de l'empire arabe et du califat, ils n'ont jamais tenté de se concilier les autres races, notamment la race arabe ».

De fait, tout le problème était là : un manque de confiance réciproque, un manque d'amitié, un manque de volonté de vivre-ensemble. L'idée d'une nation arabe indépendante, détachée de l'Empire ottoman et soustraite à toute domination étrangère, reposait sur la constatation que l'ensemble ottoman n'était pas une nation mais un empire qui n'unissait pas des hommes de même culture, de même religion, adhérant aux mêmes valeurs et voulant faire de grandes choses ensemble. Il n'était pas une communauté (*oumma*) solidaire. Comme tout empire, il ne songeait qu'à se conserver, privilégiant les foules informes sur les citoyens libres ; comme tout empire, il était totalitaire ; comme tout empire, il ne tendait qu'à asservir des peuples, à constituer la domination des uns sur les autres. Ainsi, à l'instar de toute construction supranationale, c'était un ensemble artificiel, un vague assemblage de peuples sans véritable cohésion, sans âme collective. Précisément, le nationalisme arabe allait se fixer pour but de redonner aux Arabes une âme collective.

Au parlement de Constantinople plusieurs incidents firent la lumière sur le haut degré d'antagonisme atteint par la mésentente arabo-turque. Lorsque le député arabe Chékri el Asly, de Damas, avait abordé la question de l'égalité des droits des Arabes, une véritable bronca des députés turcs avait salué ses propos. Peu après, une altercation violente opposait un autre député de Damas, Chéfik el Mouayad, au chef du groupe parlementaire Union et Progrès. Un autre député arabe, Taleb el Nakib el Achraf (m. 1929), représentant la grande ville irakienne de Bassora, fut l'un des premiers à évoquer la rupture avec l'Empire ottoman. Voici la lettre qu'il adressa, le 13 janvier 1911 (13 safar 1329 H.), au Chérif Hussein el Hachémi, émir de la Mecque et descendant du Prophète de l'Islam :

> « Les ennemis de notre langue et de notre nation m'ont déclaré que nous, Arabes, si nous n'agissions pas suivant leurs volontés et leurs injonctions, ils nous pendraient aux bois des échafauds comme des moutons à l'abattoir. L'écho de ces menaces est parvenu aux représentants du peuple arabe qui se sont indignés et ont protesté avec tant d'énergie que la séance de la chambre fut suspendue ce jour-là…
> Tous les députés arabes, Monseigneur, vous soutiennent avec la force de leur parole et de leur cœur et vous sont très reconnaissants pour les services que vous avez rendus au Hedjaz depuis que vous en êtes le chef. Nous reconnaissons votre zèle pour notre foi et notre peuple. Nous sommes prêts à nous soulever avec vous, si vous vouliez secouer le joug qui pèse sur les Arabes et les délivrer de la tyrannie et de l'esclavage.
> J'ai donc l'honneur de vous envoyer ci-joint le texte d'une déclaration signée de tous les députés assez courageux pour défendre leur nation, qui vous reconnaissent comme le calife du Prophète, le seul responsable des intérêts de tous les pays arabes. Cette déclaration exprime une résolution suprême. Advienne que pourra![1] »

Et la lettre du député irakien était accompagnée de la déclaration suivante portant trente-cinq signature, soit plus de la moitié des députes arabes à la chambre de Constantinople :

---
1. Cit. in KHAIRALLAH, Khairallah T. *Le problème du Levant…*, ouvrage précité.

« Nous députés arabes au Parlement, confions à Hussein pacha le gouvernement de la Mecque, et nous lui reconnaissons à lui seul la suprématie religieuse sur tous les pays arabes, en notre propre nom et au nom des régions que nous représentons ».

Quelques années plus tard, Taleb el Nakib créa un parti nationaliste avec les chefs arabes d'une région comprise entre Mohammara, à la jonction du Chat al Arab et de la rivière Karoun en Arabistan[1], et Koweït. Ce parti allait lutter avec énergie contre l'accord de Constantinople du 29 juillet 1913 qui sacrifiait une partie de l'Arabistan, territoire arabe, à l'Iran perse et consacrait le protectorat britannique sur la région de Koweït. Une armée arabe rassemblée par Taleb el Nakib qui tentait de récupérer Koweït, sera repoussée en 1914 par les Britanniques. Dans cette partie du monde arabe, perpétuellement menacée par l'Iran et où s'entrechoquaient les rivalités millénaires entre Turcs, Perses et Arabes en même temps que le vieux différend entre sunnites et chiites, la Grande Bretagne devint l'un des adversaires principaux pour les nationalistes arabes. Le 27 octobre 1913, un accord anglo-koweïtien stipulait que ce nouvel émirat s'engageait à n'accorder d'éventuelles concessions pétrolières qu'aux « personnes désignées par le gouvernement britannique » ; ce qui était bien le moins puisqu'il n'était rien d'autre qu'une création de Londres. Peu auparavant, en 1909, l'homme d'affaires britannique William Knox d'Arcy avait fondé l'*Anglo-Persian Oil Company* (APOC), la future *British Petroleum*. Le pétrole venait de faire son apparition dans un jeu oriental déjà bien compliqué.

Avec les guerres balkaniques, qui opposèrent, à partir de 1912, la ligue formée de la Serbie, de la Bulgarie, de la Grèce et du Monténégro, soutenue par la Russie, à un Empire ottoman affaibli par son conflit avec l'Italie, le point de rupture fut atteint entre Arabes et Turcs comme le démontre cette proclamation attribuée à la société *al Ahd* :

---

1. Cette région arabe était le siège d'un émirat arabe indépendant depuis le début du XIXe siècle. Elle fut ensuite annexée par l'Iran sous le nom de Khouzistan et Mohammara fut appelée Khorramshar. De nos jours, près de 4 millions d'Arabes vivent dans cette province occupée par l'Iran.

«Nous sommes à la veille de la grande révolte. Fils de Kahtan, réveillez-vous!
[…]
Qu'est-ce qu'une vie sans liberté et quelle garantie vous donne le drapeau ottoman?…
Fils de Kahtan tirez l'épée et balayez de notre sol sacré ceux qui vous exploitent, vous méprisent et détestent votre race et votre langue!
Arabes musulmans, cet État despotique n'est pas musulman.
Arabes chrétiens et juifs, unissez-vous à vos frères musulmans. Ceux qui vous disent qu'ils préfèrent les Turcs sans foi à vous sont des imposteurs.
[…]
Des réformes sur la base de la décentralisation nous n'en voulons plus.
Notre réforme désormais c'est de faire renaître notre gloire passée.
Notre programme est le suivant : un État arabe indépendant[1]».

On voit que le ton, avait singulièrement monté. Un nouveau sujet de polémique était venu s'ajouter avec les tractations plus ou moins occultes entre les dirigeants turcs d'Union et Progrès et le nouveau mouvement sioniste qui rêvait d'implanter les Européens juifs en Palestine. Les ventes de terres aux officines sionistes par les administrateurs turcs corrompus avaient déjà suscité le mécontentement de la population palestinienne et des autres Arabes, mais cette fois il s'agissait d'un véritable complot. La révolution des Jeunes Turcs, qui comptaient dans leurs rangs plusieurs juifs de Salonique, fut une véritable aubaine pour l'organisation sioniste qui put ouvrir un bureau dès la fin 1908 à Constantinople, sous le couvert d'une compagnie bancaire[2]. Après un nouveau coup d'État de janvier 1913 qui lui permit d'éliminer l'aile libérale du comité Union et Progrès, la fraction la plus radicale des Jeunes Turcs se lança dans les aventures les plus douteuses. Recherchant un soutien financier – et professant une idéologie ethnocentrique turque qui n'était pas éloignée d'une certaine idéologie sioniste – les Jeunes Turcs firent les yeux doux

---

1. Cit. in KHAIRALLAH, Khairallah T. *Le problème du Levant…*, ouvrage précité.
2. BENBASSA, Esther. «Le sionisme dans l'Empire Ottoman à l'aube du XXᵉ siècle» in *Vingtième Siècle. Revue d'histoire*, n° 24, octobre-décembre 1989, pp. 69-80.

aux prétentions sionistes quitte à brader les droits du peuple palestinien arabe. En même temps, les dirigeants turcs intensifièrent la répression contre les militants de l'arabisme.

Après le coup d'État de janvier 1913, le doute n'était plus permis : les Arabes n'avaient plus aucun avenir dans un système ottoman pris en main par les Jeunes Turcs les plus extrémistes qui écartaient toute idée de réforme. Le temps était venu de rassembler les forces éparses du mouvement arabe pour lui permettre de faire entendre sa voix au grand jour. C'est alors que les militants décidèrent de réunir un premier congrès arabe. Il fallait donc trouver un lieu garantissant à la fois la liberté de réunion et d'expression tout en permettant d'assurer une large audience aux thèses arabes. Encouragé par le groupe *al Fatat*, le choix se porta naturellement sur Paris où les étudiants et intellectuels arabes étaient les plus nombreux, les mieux organisés et bénéficiaient d'un certain nombre de sympathies.

## Le congrès arabe de Paris (juin 1913)

L'initiative du congrès arabe de Paris revient au mouvement *al Fatat* en liaison avec des personnalités arabes comme Chékri Ghanem, le fameux auteur d'*Antar*, et les frères Moutran. Il leur fallut d'abord convaincre les autorités françaises et rassurer les plus timorés, en particulier au ministère des Affaires étrangères.

La demande des militants arabes de réunir leur congrès à Paris fut accueillie avec une attention plutôt positive. Depuis 1912, la France avait trouvé avec le gouvernement Poincaré un gouvernement moins frileux et plus soucieux de l'intérêt national face à l'Allemagne. Ce gouvernement était également sensible aux arguments de groupes de pression comme le comité pour l'Asie française ou le Comité de l'Orient[1], militant pour la constitution d'une grande Syrie indépendante et proche de la France. Prenant prétexte du bombardement de Beyrouth par la flotte italienne

---

1. L'un des membres influents de ce comité était Georges Samné (m. 1938), un Syrien grec-catholique réfugié en France où il dirigeait *La Correspondance d'Orient* et militait pour un État syrien arabe indépendant de l'Empire ottoman.

lors de la guerre italo-turque en Libye, le gouvernement de Poincaré avait rappelé les intérêts spéciaux de la France pour Syrie, notamment le Liban, et le droit de défendre ses positions et ses amis par tous les moyens appropriés. En décembre, Paris avait signé un protocole avec la Porte afin de renforcer l'ancien régime d'autonomie du Liban, prévu par les conventions de 1861 et 1864. Profitant des désordres ottomans et du retrait de la Grande Bretagne de cette zone, une politique plus active se mettait en place en Méditerranée orientale, relayée par le comité de l'Asie française qui avait remis à l'honneur le néologisme de Levant.

Les dirigeants français étaient donc plutôt favorables aux aspirations arabes. Ils commencèrent à repenser des instruments de présence trop longtemps dirigés quasi exclusivement «vers les communautés catholiques, au nom d'un patronage douteux[1]». Pourtant, cette relance de la politique arabe de la France restait timide. D'un côté Poincaré voulait que le congrès se tînt à Paris plutôt que dans une autre capitale et il souhaitait que le congrès permît à la France de redevenir un acteur dans le jeu régional proche-oriental en retrouvant sa traditionnelle politique arabe. D'un autre côté, selon les conseils pressants du quai d'Orsay, en particulier de la direction d'Orient, il s'agissait de ne pas provoquer le courroux des Turcs en s'ingéniant à éviter que la réunion ne s'accordât sur un programme trop nationaliste. Toujours attentistes, les cadres de la diplomatie française s'attachaient à l'intégrité territoriale d'un empire moribond et passaient à côté de l'Histoire.

Une solution fut finalement trouvée grâce au fait que le comité organisateur comptait en son sein de nombreux francophiles (Chékri Ghanem, les frères Moutran, Kairallah…). Par ailleurs, aux yeux des militants arabes le plus important était de réunir le congrès dans une grande capitale internationale pour faire connaître leur cause. Un accord fut donc conclu au terme duquel les nationalistes arabes s'engageaient à ne pas appeler officiellement au démantèlement de l'Empire ottoman. Il restait à trouver le lieu où se tiendrait le congrès. Le choix se porta sur la Société de géographie, cette ancienne et prestigieuse société ayant été considérée comme un terrain neutre et suffisamment prestigieux pour l'événement.

---

1. CLOAREC, Vincent. *La France et la question syrienne*. Paris, CNRS éditions, 1988.

Le 17 avril 1913, un comité préparatoire se réunit pour élaborer un programme et lancer les invitations. Un manifeste appelant à la réunion du congrès fut diffusé et adressé à la presse. En voici le texte

« Appel à la Nation Arabe
Nous, Arabes de Paris, les polémiques des journaux et la politique des gouvernements nous apprennent que des décisions internationales sont prises au sujet de la Syrie, ce joyau de la patrie et des pays arabes. Cela nous a incité à nous réunir au nombre de plus de trois cents pour délibérer sur les moyens de préserver des convoitises étrangères notre patrie... de délivrer le peuple de la tyrannie et de l'oppression, d'accroître nos forces en réorganisant notre administration sur la base de la décentralisation, de prévenir la décadence et l'occupation de nos pays, et de montrer ainsi à ceux qui se jouent de nos destinées que nous ne sommes pas une race qui courbe l'échine et accepte l'humiliation.
Après délibération, nous avons décidé de réunir un Congrès qui représentera les Arabes du monde entier et émettra des desiderata sur leurs besoins politiques et sociaux. De cette façon nous montrerons aux nations d'Europe que la nation arabe forme une entité sociale vivante, indivisible, ayant parmi les nations une place à elle, une position politique de première importance, et une force avec laquelle on devra compter.
Faisons leur comprendre que nous tenons plus à nos droits qu'à notre vie.
Les questions qui seront étudiées par le Congrès sont les suivantes :
1° l'existence nationale et le rejet de l'occupation ;
2° les droits des Arabes en territoire ottoman ;
3° la nécessité des réformes sur la base du système de la décentralisation ;
4° émigration et immigration en Syrie.
C'est ainsi que, se débarrassant des nuées qui la recouvrent, apparaîtra l'aurore de notre renaissance nationale.
Salut à ceux qui comprennent et font leur devoir !

Conseil d'administration du Congrès arabe syrien
Signé : Nadra Moutran, Avni Abdel Hadi, Jamil Mardam bey, Charles Debbas, Mohammed Mahmassani, Jamil Maalouf bey, Chékri Ghanem, Abdel Gani el Uréissi[1] ».

Certes, le texte avait un ton très emphatique. Pourtant, il convient de souligner que la formule proclamant que les intéressés étaient prêts à faire le sacrifice de leur vie n'était pas une clause de style puisqu'un certain nombre de nationalistes allaient payer de leur vie leur combat pour la liberté et contre le despotisme turc. En tout cas, ce document apporte des éclaircissements intéressants sur le projet du mouvement national à cette époque précise. Tout d'abord il doit être clair que l'objectif était d'affirmer les droits nationaux d'une nation arabe ne faisant qu'un avec la Syrie même si le nom de la Syrie – laquelle englobe alors la Syrie actuelle, le Liban, la Palestine et la Transjordanie – était particulièrement mis en exergue du fait de l'appartenance des signataires à cette région. Ce qui est indéniable est la place centrale de la Syrie dans l'émergence du mouvement national arabe. Dès cette époque, l'avenir du monde arabe commença à se jouer à Damas, où le nationalisme allait prendre son essor et se développer ensuite grâce à la pensée de deux fameux penseurs d'origine syrienne, Sati al Housri et Michel Aflak. Très vite, le mouvement arabe allait si bien être lié au sort de la Syrie que c'est contre elle que se tramèrent les pires complots contre les causes arabes, depuis le régime des mandats jusqu'au coup d'État d'Hafez el Assad, en 1970, lequel installa au pouvoir un régime sectaire, aligné sur tous les ennemis de la nation arabe, et qui coupa la Syrie de son environnement arabe.

En tout cas, durant la période qui précède la Guerre de 1914-18, on ne relevait généralement pas de contradiction entre les revendications d'autonomisme local et une vision nationale arabe plus large. Par exemple, en Palestine, les journaux *Al Filistine* (La Palestine) d'Issa el Issa ou *al Karmel* de Najib Nassar, défendaient les droits des Palestiniens menacés par les menées sionistes tout en adhérant au courant nationaliste arabe. À Beyrouth, le mouvement autonomiste porté par des comités libanais précisait qu'il était solidaire de l'indépendance des pays arabes, et les dirigeants de ces comités affirmaient clairement leur volonté de

---
1. Cit. in KHAIRALLAH, Khairallah T. *Le problème du Levant*, ouvrage précité.

« collaborer avec leurs frères de race et de langue, en dépit de l'isolement momentané où ils [étaient] obligés de se maintenir encore sur le terrain des institutions politiques[1] ».

Il est tout aussi indiscutable que, malgré les circonvolutions et la prudence imposée, l'objectif était le rejet de l'occupation, donc l'indépendance quand bien même celle-ci se dissimulait derrière une décentralisation qui, en tout état de cause, ne pouvait être qu'une étape. Il est notable que la référence aux questions d'immigration et d'émigration avait pour objet, d'une part, le début de l'installation en Palestine de colons sionistes venus d'Europe et, d'autre part, l'immigration massive, notamment des élites, vers l'Europe ou les Amériques, source d'inquiétude des nationalistes arabes.

Il fut décidé de confier la présidence du Congrès au *Sayid* Abdulhamid el Zahraoui, dirigeant influent du parti de la Décentralisation, en raison de son charisme et de ses dons d'orateur. L'écrivain Chékri Ghanem serait le vice-président. Dans une déclaration au quotidien *Le Temps*, le 10 juin 1913, le cheikh el Zahraoui donna l'explication suivante de la réunion qui allait se tenir quelques jours plus tard :

> « Les graves événements survenus dans la Turquie d'Europe nous obligent à étudier la nouvelle situation qui nous est faite et les mesures à prendre pour sauver ce qui nous reste. Nous formons dans le tout ottoman un élément considérable, si ce n'est le plus considérable, ayant pour lui l'unité de langue, de traditions, d'intérêts et d'aspirations, et bous avons de ce chef certains droits qui n'ont été jusqu'à présent que trop sacrifiés… C'est pour cela que le Congrès étudiera d'abord, à un point de vue général, la sauvegarde de la vie nationale et l'application des réformes sur la base de la décentralisation… »

En outre, Zahraoui tint à préciser que le congrès n'avait aucun caractère religieux et il réunirait une égale proportion de délégués chrétiens aussi bien que musulmans. Il notait qu'une solidarité étroite islamo-chrétienne « s'est établie et a fait ses preuves dans les derniers événements de Beyrouth[2]

---

1. *Ibidem*.
2. Les manifestations qui ont suivi la dissolution du Comité des réformes.

et de cette solidarité est née l'idée du Congrès ». Ce dépassement du confessionnalisme, cet esprit d'unité et de tolérance réciproque est sans doute l'une des fortes idées du mouvement national arabe qui rassembla des musulmans sunnites, des musulmans chiites, des druzes comme l'émir Arslan, des chrétiens maronites ou des chrétiens orthodoxes. Il est même notable que des Kurdes solidaires de leur environnement et leur appartenance à l'espace arabe en firent partie, par exemple l'universitaire Mohammed Kurd'Ali (m. 1953), originaire de Soulaymaniya en Irak, qui défendait, au Caire puis à Damas, des positions arabes et créa à cet effet des publications d'une grande qualité : *al Muqtabas*, *Al-Zaher* et *Al-Mu'ayyad*.

À la lecture de la déclaration de Zahraoui, on voit que le ton restait assez modéré pour ne pas provoquer l'irritation des autorités françaises qui ne voulaient pas froisser ouvertement la Turquie. C'est également dans le souci de ménager le pays hôte du congrès que les organisateurs ne soufflaient mot des régions du Maghreb où la France venait d'ailleurs de consolider sa présence avec le protectorat obtenu sur le Maroc par la signature du traité de Fès en mars 1912. Pour la même raison, les nationalistes arabes restaient plutôt discrets sur l'Égypte, placée sous le contrôle de la Grande Bretagne, nonobstant le fait qu'un grand nombre d'activistes venus du Levant y fussent installés et que la presse égyptienne participât au mouvement général. Le journal *al Ahram* allait d'ailleurs désigner un envoyé spécial pour suivre les travaux du congrès de Paris. Les précautions prises pour n'irriter ni Londres ni Paris, ne peuvent faire oublier que le Maghreb fut d'une façon ou de l'autre présent dans le mouvement national arabe, notamment par le biais de l'émir Abdel Kader puis de ses fils dont l'un d'eux Omar el Jazaïri Ibn Abdel Kader fut l'un des martyrs de la cause nationale arabe, pendu par les Turcs à Damas en 1916. Par ailleurs, pour ce qui concerne l'Égypte, l'un des officiers les plus actifs des comités secrets militaires du nationalisme arabe était Aziz Ali el Masri. Le député syrien nationaliste arabe, Chékri el Asali affirmait lors d'un discours au Caire au début des années 1910 : « L'Égypte et la Syrie sont deux sœurs, elles sont unies par des liens de religion, de langue et de race[1] ». À vrai dire, l'Égypte n'était pas en dehors du mouvement national mais elle devait d'abord reprendre possession d'elle-même, se libérer des Britanniques avant de se tourner vers le reste du monde arabe.

Le congrès arabe ouvrit ses portes, le 18 juin 1913, dans la grande salle des conférences de la Société de géographie au 184 boulevard Saint-Germain à Paris. Si vingt-cinq délégués étaient inscrits, seulement vingt-quatre furent présents – car Abdel Karim el Khalil, président du Cercle littéraire, n'avait pu se rendre à Paris – tandis que le nombre des participants s'élevait à environ deux cents Arabes, auxquels s'ajoutèrent plusieurs dizaines de Français venus pour assister à la clôture qui se déroula en langue française. Dix-huit délégués venaient de la Syrie (Syrie, Liban, Palestine, Transjordanie), dont Abdulhamid el Zahraoui, Chékri Ghanem, Moukhtar Beyhoum, du comité des réformes de Beyrouth, Abdel Gani el Uréissi, Salim Ali Salem, Nadra Moutran, le cheikh Ahmed Hassan Tabbara, membre du Comité des réformes de Beyrouth, Izzat Darwaza, délégué de Naplouse, Iskandar Ammoun, Albert Sursok, Khalil Zayniya, Khairallah T. Khairallah. Deux délégués venaient de l'Irak – dont Taoufik el Souwaïdi de la section du *Fatat* de Bagdad – et trois d'Amérique. Le nombre de délégués chrétiens était pratiquement égal à celui des musulmans. Parmi les participants certains étaient égyptiens mais ils n'eurent pas la parole.

La séance fut ouverte par le président du congrès, Abdulhamid el Zahraoui qui rappela que les Arabes, au sein de l'Empire ottoman, étaient venus à percevoir « les effets néfastes de la politique de l'empire » et ils souhaitaient dorénavant que leur existence fût prise en considération et que « les choses évoluent vers la nécessaire participation conjointe des deux parties dans la gouvernance des territoires ottomans ». La plate-forme du congrès préconisait donc un « véritable partenariat » arabo-turc[2]. La revendication officielle pouvait paraître très mesurée mais il faut bien comprendre que l'avertissement adressé aux dirigeants turcs était sans équivoque. D'ailleurs, dans un entretien accordé à la presse française,

---

1. Cité par EL-HOUSRI, Sati. « L'idée de nation dans les pays arabes, du début du XIXe siècle à la création de la ligue des États arabes », trad. de l'arabe, in *Orient*, n° 27, 3e trimestre 1963, p. 166.
2. D'après *Al Ahram* du 26 juin 1913.

Zahraoui précisa : « Si les réformes n'interviennent pas, je le déclare ici, comme je l'ai fait ailleurs, la situation, changera du tout au tout[1] » ; ce qui signifiait que les Arabes choisiraient alors la séparation avec l'empire et l'indépendance.

Nadra Moutran souligna la parfaite solidarité qui, depuis treize siècles, a régné entre chrétiens et musulmans et attribua les sanglants événements de 1860 à une orchestration du gouvernement ottoman, toujours désireux de diviser ses sujets « pour mieux les opprimer ». Il exprima le ferme désir de tous les Syriens, désormais indissolublement unis, de restaurer leur vie nationale. Abdel Gani el Uréissi, s'exprimant au nom du Comité des réformes de Beyrouth et en qualité de rédacteur en chef du journal *Al Moufid*, insista sur les « droits arabes dans le régime ottoman », il critiqua vigoureusement la politique turque visant à monopoliser tout le pouvoir exécutif et législatif, il affirma que les Arabes, qui constituaient plus de la moitié de la population de l'empire, devaient, en toute justice, se voir conférer des droits en proportion de leur représentativité, en conséquence ils voulaient « la représentation proportionnelle dans les assemblées parlementaires et la moitié des ministres du gouvernement ».

Les questions d'immigration et d'émigration furent également évoquées par les délégués. S'exprimant au nom des Arabes vivant en Amérique, Naguib Diab, propriétaire du journal *Al-Gharb Mir'aat* (Miroir de l'Ouest), fit part du souhait de beaucoup de ceux qu'il représentait de retourner dans leur patrie arabe d'origine quand elle serait libérée. Un grand nombre de militants nationalistes avaient envoyé des lettres de soutien, des rapports et des pétitions de toutes les régions arabes. Les plus nombreux de ces courriers, 139 sur 387, vinrent de Palestine pour appeler l'attention du congrès sur le problème de l'immigration sioniste et de la dépossession des terres arabes que les Turcs laissaient se développer sans aucune règle et sans prendre en considération les droits de la population autochtone. Lors du congrès, le cheikh Ahmed Hassan Tabbara proposa de définir les Arabes comme « tous ceux qui parlent la langue du *dâd*, sans que rien ne différencie en cela le musulman du non musulman[2] », puis il aborda les questions l'émigration, déplorant que près

---
1. *Le Temps*, 10 juin 1913.
2. Le *dâd* (ض) est la quinzième lettre de l'alphabet arabe, sans équivalent dans les langues de l'antiquité, à tel point que la langue arabe a pu être qualifiée de « langue du *dād* ».

de 600 000 personnes aient quitté la Syrie depuis vingt-cinq pour se fixer aux quatre coins du monde, et de l'immigration sioniste en Palestine et de l'émigration des Arabes, il reprocha au régime ottoman de brader les droits des Arabes en Palestine, mais aucune mention de ce problème ne figurera dans la résolution finale au grand dam des journaux palestiniens qui ne ménageront pas leur critique à ce sujet.

À l'évidence, les « amicales pressions » du gouvernement français afin de ne formuler auprès du gouvernement turc que des revendications modérées pour un développement d'une autonomie négociée avaient abouti. Le 21 juin 1913, les délégués adoptent la résolution finale exprimant bien cette prudence imposée. En voici la teneur :

> « 1° Des réformes radicales et urgentes sont nécessaires dans l'Empire ottoman.
> 2° Il importe d'assurer aux Arabes ottomans l'exercice de leurs droits politiques en rendant effective leur participation à l'administration centrale de l'empire.
> 3° Il importe d'établir dans chacun des vilayets syriens et arabes un régime décentralisateur approprié à ses besoins et à ses aptitudes.
> 4° Le vilayet de Beyrouth ayant formulé ses revendications dans un projet spécial voté le 31 janvier 1913 par une assemblée générale *ad hoc* et basé sur le double principe de l'extension des pouvoirs du conseil général du vilayet et de la nomination de conseillers étrangers, le Congrès demande la mise en application dudit projet.
> 5° La langue arabe doit être reconnue au parlement ottoman et considérée comme officielle dans les pays syriens et arabes.
> 6° Le service militaire sera régional dans les *vilayets*[1] syriens et arabes, en dehors des cas d'extrêmes nécessités.
> 7° Le Congrès émet le vœu de voir le Gouvernement impérial ottoman assurer au *mutessariflik* du Liban les moyens d'améliorer sa situation financière.

---

1. *Vilay*et, ou en arabe *wilaya*, est le nom donné aux provinces en lesquelles l'empire ottoman était divisé.

8° Le Congrès affirme sa sympathie pour les demandes réformistes et décentralisatrices des Arméniens ottomans.

9° Les présentes résolutions seront communiquées au gouvernement impérial ottoman.

10° Il sera fait également communication des mêmes résolutions aux puissances amies de l'Empire ottoman.

11° Le Congrès exprime ses chaleureux remerciements au Gouvernement de la République française pour sa généreuse hospitalité.

12° Aussi longtemps que les résolutions votées par le présent congrès n'auront pas été dûment exécutées, les membres des comités réformistes arabe-syriens s'abstiendront d'accepter toute fonction dans l'Empire ottoman, à moins d'une autorisation expresse et spéciale de leurs comités respectifs.

13° Les présentes résolutions constitueront le programme politique des Syriens et Arabes ottomans. Aucun candidat aux élections législatives ne sera appuyé s'il ne s'est engagé au préalable à défendre le susdit programme et a en poursuivre l'exécution[1] ».

Certains nationalistes qui n'avaient pas pris part au congrès critiquèrent l'extrême timidité du texte. Ce fut le cas d'Azoury qui déclara, au Caire, que tout cela ne mènerait à rien car la revendication profonde des Arabes était beaucoup plus vaste[2]. Il est vrai que le chef de la Ligue de la patrie arabe était assez dépité de ne pas avoir joué un rôle dans cette réunion dont il avait pourtant, d'une certaine façon, été à l'origine.

Quelques jours plus tard, une délégation fut reçue par le ministre des Affaires étrangères, le terne Stephen Pichon. Parallèlement, le régime des Jeunes Turcs qui avaient multiplié les tentatives pour empêcher la tenue du congrès, envoya le secrétaire général de leur parti pour rencontrer les chefs de file du mouvement arabe. Lors de la réunion, les deux parties s'entendirent sur un certain nombre de points relatifs à l'usage de la langue arabe, l'enseignement et le rôle des Arabes dans l'administration de l'empire. En rejoignant leur pays, les membres du bureau du Congrès

---

1. Texte publié par Charles Debbas dans la revue bimensuelle *La Correspondance d'Orient*, dirigée par le Dr Georges Samné, le 1er juillet 1913, n° 115.
2. JUNG, Eugène. *La révolte arabe…*, ouvrage précité.

de Paris, Ahmed Moukhtar Beyhoum, Ahmed Hassan Tabbara et Salim Ali Salem furent reçus, à la demande de la France, par les autorités de Constantinople auxquelles ils présentèrent les motions votées par le congrès de Paris. La négociation fut poursuivie entre le ministre de l'Intérieur ottoman, Tala't bey, et Abdel Karim el Khalil au nom des Arabes. De bonnes paroles furent prodiguées par les dirigeants turcs, des promesses furent faites et un protocole fut même signé. Le texte prévoyait un certain nombre de réformes au profit des Arabes :

- l'emploi de la langue arabe comme langue de l'enseignement dans les provinces arabes ;
- la réforme de l'administration dans les provinces arabes conformément au système de la décentralisation ;
- la participation effective des Arabes au gouvernement de l'Empire par l'attribution de postes dans l'administration centrale.

Ces réformes étaient le minimum demandé par les Arabes. C'était aussi la dernière chance pour préserver un minimum d'entente arabo-turque.

À vrai dire, le Congrès arabe de Paris fut l'ultime tentative pour tenter de jeter les bases d'une coopération arabo-turque au sein du même empire. La balle était maintenant dans le camp des Turcs, ils ne la saisirent pas. Bien plus, comme l'a écrit Iskandar Ammoun, ils choisirent d'aller « tête baissée vers l'abîme ». En effet, il apparut rapidement que les quelques améliorations que le régime des Jeunes Turcs avait semblé concéder n'étaient que limitées et illusoires. Il est vrai que le contexte était défavorable. Les guerres balkaniques avaient eu pour résultats, d'une part, de mettre en évidence les extrêmes faiblesses de la Turquie et, d'autre part, d'accentuer les tensions internationales. Confrontés à cette situation, les dirigeants du Comité Union et progrès n'avaient pas l'intention de respecter leurs engagements. De fait, aucune des promesses ne fut tenue. En août, un vague décret impérial accorda aux provinces arabes des réformes de façade, très inférieures à celles négociées avec les dirigeants arabes. Puis, les Jeunes Turcs s'enfermèrent dans une idéologie touranienne[1] extrémiste qui ne pouvait que précipiter la ruine d'un empire multi-ethnique, d'autant qu'ils

---

1. Le touranisme est une idéologie prônant l'union de tous les peuples de langue turque, de la mer Égée aux confins de la Chine.

avaient réduit le rôle et l'influence du sultan-calife qui aurait pu être le seul facteur d'unité. Dans ces conditions, le mécontentement arabe alla en grandissant. Désormais, les nationalistes avaient la conviction que l'empire ne se réformerait pas. Une agence de presse française pouvait noter à la mi-novembre 1913 : « la population de Syrie est unanime à espérer sa séparation de la Turquie[1] ».

À la suite de l'accord germano-turc du 27 novembre 1913, la question de la mission militaire allemande envoyée à Constantinople pour réorganiser l'armée turque, sous la direction de Liman Von Sanders, vint tout compliquer. Cette mission venait compléter un dispositif d'intrusion de l'Allemagne dans les affaires orientales, dont l'un des points forts était le chemin de fer Berlin-Bagdad, le *Bagdadbahn* inauguré en 1903. Faisant montre de moins de prudence que le sultan Abdulhamid, les Jeunes Turcs se rapprochèrent de plus en plus nettement du camp de l'Allemagne. La Russie, la France et la Grande-Bretagne ne pouvaient qu'en tirer les conséquences en consolidant la Triple Entente mais, en même temps, chaque puissance tentait de préserver ses intérêts dans la région. L'affaire était compliquée dans la mesure où les intérêts et les points de vue de l'Angleterre et de la Russie étaient nettement opposés et leurs intentions « obscures[2] ». Le terrain d'entente entre les trois alliés consistait à se répartir, sans pudeur, des zones entières, en particulier des territoires arabes de l'Empire ottoman considéré comme moribond. On a vu que les Britanniques s'étaient installés dans le golfe Arabe, à Bahreïn, à Koweït, sur la Côte de la Trêve. Pour sa part, la France souhaitait développer son influence sur la Syrie, de Jaffa à Alexandrette (Iskandariya), et, à cette fin, elle avait même entrepris de négocier un accord avec l'Allemagne. Finalement l'accord franco-allemand sur la question d'Asie mineure fut signé, sous le gouvernement Doumergue, le 14 février 1914. Dans cet accord, Paris renonçait à la région septentrionale de la Syrie (Alexandrette, Antioche, Alep) mais s'octroyait une bonne partie de la Syrie, dont le Liban.

---

1. Dépêche de l'agence Havas, Beyrouth, le 17 novembre 1913.
2. BAINVILLE, Jacques. *Le coup d'Agadir et la guerre d'Orient*, ouvrage précité.

Dans ce contexte de compromis, on aura compris qu'il n'était plus question de soutenir vigoureusement les revendications arabes, d'autant qu'il fallait maintenant s'employer à éviter que la Porte prît le parti des puissances de l'Axe. Peine perdue ! La guerre fut déclarée, le 4 août 1914, entre la France, la Grande Bretagne, la Belgique, la Russie et la Serbie, d'une part, l'Allemagne et l'Autriche-Hongrie d'autre part. Le 2 novembre, la Russie déclarait la guerre à l'Empire ottoman et, deux jours plus tard, la France et la Grande-Bretagne faisaient de même. La Turquie entrait donc en guerre aux côtés de l'Allemagne et de l'Autriche-Hongrie. Une nouvelle page allait s'ouvrir pour le mouvement national arabe avec la Grande Révolte de 1916.

# 3

# LA RÉVOLUTION ARABE (1916)

Avant même son entrée en guerre aux côtés de l'Allemagne et de l'Autriche-Hongrie, le régime des jeunes Turcs avaient considérablement raidi sa politique contre le mouvement national arabe. Aussi, quand les dirigeants des Jeunes Turcs laïcs et athées, se souvenant que l'empire était formellement dirigé par un sultan-calife, invitèrent le sultan Mehmed V à proclamer le *jihad*, l'écho de cette manœuvre pathétique fut des plus minces dans les provinces arabes où les Jeunes Turcs avaient réussi à dresser la majorité de l'opinion contre eux. En effet, malgré sa référence à la révolution française et le soutien reçu de la franc-maçonnerie internationale à laquelle appartenaient plusieurs de ses membres, le régime des Jeunes Turcs avait établi une dictature totalitaire et il faisait montre d'une idéologie ethnique extrémiste visant à créer en Anatolie un État touranien « pur », ce qui allait d'ailleurs le conduire aux pires extrémités avec la déportation et le massacre des Arméniens en 1915. Sur ce point, il importe de souligner que cette persécution – dont les exécutants les plus zélés furent des tribus kurdes – ne trouva pas son origine dans un quelconque extrémisme religieux. Au contraire, elle fut déclenchée par la partie la plus laïque des Jeunes Turcs, en particulier le ministre de l'Intérieur Talaat Pacha, lesquels étaient fort éloignés de tout sentiment religieux et manifestait une hostilité contre l'ottomanisme auquel ils voulaient substituer le touranisme. Il est également notable que les Arméniens des provinces arabophones ne furent jamais inquiétés et de très nombreux Arméniens d'Anatolie trouvèrent refuge dans des pays musulmans où ils furent bien accueillis (Irak, Syrie, Iran, etc.)

Pour ce qui concerne les provinces arabes de l'empire, le régime des Jeunes Turcs se montra également impitoyable en pourchassant les dirigeants du mouvement national.

## La répression turque

En février 1914, le général Aziz Ali el Masri, principal dirigeant de la société secrète *Al Ahd* formée par des officiers arabes, fut arrêté à Constantinople. Son jugement et sa condamnation à mort, commuée en peine de prison par le sultan, provoquèrent des manifestations dans plusieurs villes du monde arabe et, surtout, en Égypte, sa patrie d'origine, où la population était partagée entre le soutien au mouvement arabe et son hostilité à l'occupant britannique depuis l'invasion de 1882 et le renversement du gouvernement nationaliste d'Ourabi. De surcroît, le mauvais comportement des troupes britanniques et, principalement, des soudards australiens, envoyés après le déclenchement de la guerre mondiale, exaspérait le peuple égyptien au point que certains souhaitaient la victoire des Turcs[1].

En janvier 1915, un dirigeant nationaliste de Damas, Faouzi el Bakri qui était un membre influent du mouvement *al Fatat*, vint secrètement rencontrer Hussein Ibn Ali el Hachémi, chérif de la Mecque et émir du Hedjaz, afin de le convaincre de prendre la tête d'un mouvement national arabe que le *Fatat* se déclarait prêt à déclencher. Le chérif de La Mecque écouta très poliment Faouzi el Bakri, mais il resta fort prudent. De fait, il n'était pas vraiment un nationaliste arabe et seule sa principauté l'intéressait. Dans le passé, il avait déjà été approché par les nationalistes pour proclamer un califat arabe et n'avait donné aucune suite mais, maintenant, plusieurs éléments l'incitaient à considérer de plus près cette proposition : il pressentait confusément que l'Empire ottoman était à l'agonie et la guerre allait lui porter un coup fatal ; le déclin ottoman pouvait ouvrir à l'émir du Hedjaz des perspectives d'étendre son pouvoir dans des régions arabes ; enfin – et, peut-être, surtout – il était inquiet des succès de son voisin l'émir Abdelaziz el Saoud du Nedjed qui était en train d'étendre ses possessions et pouvait se révéler un rival redoutable. Dans ce contexte, l'alliance des Britanniques, qui avaient des relations difficiles avec le dirigeant de Riyad, pourrait représenter une garantie. Son fils Abdallah qui était déjà très proche des Britanniques, le pressait de prendre une

---

1. Sur ce point voir MAHFOUZ, Naguib. *Bayn al-Qasrayn*. Le Caire, 1956, trad. française *Impasse des Deux-Palais*.

décision. Prudent, Hussein voulut avoir une idée précise de la situation ; il décida d'envoyer son fils Fayçal à Damas afin de prendre contact avec les chefs nationalistes, notamment les dirigeants d'*al Fatat* et d'*al Ahd*. En effet, Damas était devenue le cœur du mouvement national. Dès lors, la capitale syrienne ne cessera d'être à l'avant-garde de la lutte pour l'unité arabe jusqu'au coup d'État, en 1970, d'Hafez el Assad dont le régime sectaire bafouera tous les idéaux du nationalisme arabe[1].

Les dirigeants nationalistes présentèrent à Fayçal un protocole qui pourrait être soumis à la Grande-Bretagne comme plate-forme d'une alliance arabo-britannique. Les principaux points du protocole de Damas prévoyaient la reconnaissance par la Grande-Bretagne de l'indépendance des régions arabes dans les frontières allant d'une ligne septentrionale délimitée par le 37e parallèle de Mersine à Adana et passant par Birijek, Ourfa, Mardin, Midiat, Jezirat, al-Amadiyah en Irak jusqu'à la frontière perse ; à l'est de la frontière avec la Perse au golfe de Bassora (golfe Arabe) ; au sud par l'océan Indien, le cas d'Aden restant en attente, et à l'ouest la mer Rouge et la Méditerranée ; la reconnaissance d'un État arabe souverain sur toute la partie de la nation arabe dans les frontières précitées ; la conclusion d'un pacte de défense entre la Grande-Bretagne et le futur État Arabe.

Les dirigeants turcs ne pouvaient tenir pour négligeable l'agitation dans les provinces arabes. En Syrie, le gouverneur turc, Jamal Pacha, « connu pour ses tendances touraniennes[2] », entreprit de mener une répression massive contre les dirigeants soupçonnés d'activisme nationaliste. En août 1915, une cour martiale fut réunie à Aley, dans la banlieue de Beyrouth, pour juger une soixantaine de suspects. Certains avaient pu fuir en France ou en Égypte mais onze nationalistes étaient présents sur les bancs des accusés. La cour martiale turque prononça des condamnations à mort et les onze nationalistes arabes, dix musulmans et un chrétien, furent pendus en septembre sur la place des canons de Beyrouth, qu'on appelle depuis la place des Martyrs. En mai 1916, vingt et un autres nationalistes, dix-sept musulmans et quatre chrétiens, furent encore pendus à Beyrouth et à Damas, puis quatre chrétiens quelques semaines plus tard. Des militants

---

1. Cf. notre ouvrage *Les mystères syriens*. Paris, Albin Michel, 1984.
2. EL-HOUSRI, Sati. « L'idée de nation dans les pays arabes, du début du XIXe siècle à la création de la ligue des États arabes », trad. de l'arabe, in *Orient*, n° 27, 3e trimestre 1963, p. 147-170.

placés en résidence surveillée furent purement et simplement assassiné par la police turque. En même temps, les Turcs déportaient en Anatolie, plus de trois cents familles syriennes, libanaises et palestiniennes soupçonnées de sympathie pour le mouvement national arabe.

Parmi des martyrs de la cause arabe figuraient l'ancien président du congrès arabe de Paris, Abdulhamid el Zahraoui, sénateur de l'empire ; Abdel Karim el Khalil qui avait négocié l'accord de 1913 avec les Jeunes Turcs ; Abdel Gani el Uréissi, une autre figure du congrès arabe de Paris ; Omar el Jazairi, le fils de l'émir maghrébin Abdel Kader ; les députés Chékri el Asali et Chafik el Mouayad qui avaient naguère défendu les droits des arabes au parlement ottoman. Tous ces braves moururent en proclamant leur foi dans l'avenir de la nation arabe. Un jeune diplômé de la faculté de droit de Paris, Mohammed el Mehmessani s'adressa en ces termes à la foule réunie autour du gibet :

> « L'affranchissement, je l'ai voulu, et loin de m'en repentir, je suis heureux d'en être la première victime. Notre conscience se révolte, nous Arabes, descendants d'une des plus belles civilisations du monde, en pensant à l'abaissement où nous ont menés les hordes barbares des tribus anatoliennes et nous en avons assez du joug humiliant des Turcs !…
> Nous en avons accès de votre esclavage ! C'est en vain qu'on nous assassine, l'idée que nous poursuivons nous survivra ! »

Des exécutions et de massacres eurent également lieu dans d'autres régions arabes. En Irak, et le général Noureddine pacha qui commandait les forces turques en Mésopotamie, fit passer par les armes mille cinquante-cinq personnes dont la plupart appartenaient à la jeunesse libérale de Bagdad[1]. D'autres exactions furent commises dans différentes villes d'Irak et du Hedjaz.

---

1. *Le Temps*, 10 décembre 1916.

# L'entrée en guerre des Arabes (1916)

De son côté, le chérif Hussein – qui avait vainement envoyé auprès des dirigeants turcs son fils Fayçal pour plaider la grâce des nationalistes arabes condamnés à mort – s'était enfin décidé à engager des pourparlers avec les Britanniques. Le 14 juillet 1915, il avait adressé un mémorandum à Sir Henry Mac-Mahon, le Haut-commissaire britannique en Égypte et au Soudan, afin de préciser les conditions posées par les Arabes pour leur entrée en guerre. Ce mémorandum reprenait pratiquement les termes du protocole de Damas :

> « Attendu que toute la Nation arabe, sans exception, a décidé d'arracher son droit de vivre, de tenir sa liberté et sa pleine souveraineté politique ;
> Attendu que les Arabes pensent qu'il est de l'intérêt du gouvernement britannique de les assister et de les aider à satisfaire leurs aspirations nationales fondées sur le respect et la reconnaissance de leur droit légitime ;
> Attendu qu'il est de l'intérêt des Arabes, compte tenu de leur situation géographique et de leurs intérêts économiques, et compte tenu de ce qu'ils savent de la position du gouvernement britannique, de préférer l'assistance britannique à une autre ;
> La Nation arabe a décidé de faire demander au gouvernement britannique s'il approuve les propositions fondamentales suivantes :
> 1. la Grande-Bretagne reconnaît l'indépendance des régions arabes dont les frontières sont au Nord un territoire comprenant Mersine et Adana, et limitée ensuite par le $37^e$ degré de latitude jusqu'à la frontière avec la Perse ; à l'Est : de la frontière avec la Perse au golfe de Bassora (golfe Arabe) ; au Sud par l'océan Indien, étant entendu que le *statu quo* sera provisoirement maintenu dans la zone d'Aden, et à l'Ouest la mer Rouge et la Méditerranée ;
> 2. la Grande-Bretagne acceptera la proclamation d'un califat arabe ;
> 3. le gouvernement arabe chérifien s'engage, toutes choses étant égales, à reconnaître la prééminence britannique dans tous les projets économiques concernant les pays arabes ;

> 4. afin de sauvegarder l'indépendance de la Nation arabe et d'assurer le respect des intérêts économiques britanniques, les deux gouvernements collaboreront pour s'opposer à toute force étrangère qui menacerait l'une des parties… ;
> 5. la Grande-Bretagne accepte l'abolition des capitulations dans les régions arabes et s'engage à assister le gouvernement chérifien pour la convocation d'une conférence internationale à ce sujet ;
> 6. la durée de l'application des points trois et quatre du présent pacte sera de 15 ans…
> Toute la Nation arabe étant décidée à poursuivre son objectif jusqu'à la victoire et quoiqu'il en coûte, elle demande au gouvernement britannique de lui répondre dans un délai de 30 jours. Sans réponse après ce délai la Nation arabe se réserve la possibilité d'agir comme elle l'entendra et se considérera comme déliée de toutes les propositions que nous avons faites auparavant ».

Un long échange de correspondances s'en était suivi entre les deux parties entre le 14 juillet 1915 et le 10 mars 1916. Dans ces lettres, les Britanniques maniaient avec une certaine dextérité la langue de bois, les promesses équivoques et les tergiversations les plus mesquines. Hussein obtint de vagues assurances mais jamais d'engagement explicite sur le grand royaume arabe qu'il souhaitait instaurer, si ce n'est cette phrase sibylline dans une lettre de Mc Mahon datée du 24 octobre 1915 :

> « Je suis autorisé par le gouvernement britannique à vous donner les assurances suivantes : sous réserve des modifications ci-dessus, la Grande-Bretagne est disposée à soutenir l'indépendance des Arabes à l'intérieur des territoires compris dans les limites des frontières proposées par le Chérif de la Mecque ».

C'était peu. Pour ne rien arranger, une sourde rivalité opposait à Londres le puissant *Indian Office* au *Colonial Office* plus enclin à soutenir la révolte arabe. Les choses traînèrent en longueur au point que les nationalistes arabes commencèrent à s'agiter. À Damas, certains se mirent à douter de la détermination du Hachémite.

Par ailleurs, durant ces négociations, les volontaires arrivaient en masse au Hedjaz. Des officiers arabes venus pour la plupart de la Mésopotamie, après s'être échappé de l'armée turque, se groupaient à la Mecque. De tous côtés, « des volontaires rassemblés par des réseaux formés par les sociétés arabes, notamment à le comité *Al Ahd*, affluaient. Les uns « faisaient dix jours, vingt jours, trente jours et jusqu'à cent jours de marche à pied à travers les déserts pour rejoindre le premier noyau qui [allait] constituer l'armée arabe. Les uns venaient de Bagdad, les autres de Damas, de Baalbek ou d'Alep, et passaient parfois par le Caucase, la Perse et les Indes, les autres venaient Égypte, du Soudan ou de la Mésopotamie[1] ». Finalement, bien que les Britanniques restassent dans le flou, l'émir Hussein se décida à entrer en guerre contre les Turcs. Sans doute, souhaitait-il instaurer à son profit un royaume arabe, mais il avait aussi le sentiment que s'il ne se décidait pas, les nationalistes, dont il n'épousait pas complètement les thèses, prendraient l'initiative et le laisseraient de côté. En effet, leur liaison avec le roi du Hedjaz révélait surtout « la volonté de fonder une patrie arabe, davantage qu'un attachement réel à la personnalité du *malek*[2] ».

La Grande Révolution arabe (*al Saoura al-'Arabiya al Koubra*) – la Grande Révolte – éclata le 6 juin 1916. Londres et Paris lui apportèrent leur soutien. Les Turcs furent d'abord chassés de Médine, puis d'une partie du Hedjaz. Le nombre des volontaires se multiplia de jour en jour. La prise d'Akaba, au début juillet, marqua un tournant essentiel puisque les armées arabes étaient désormais aux portes de la Grande Syrie. La guerre se poursuivit conduite par les fils du chérif Hussein ; l'émir Fayçal exerçait le commandement en chef avec l'assistance d'officiers supérieurs arabes qui avaient rejoint le mouvement, en particulier le général Aziz el Masri. Auprès de lui se trouvait en permanence un officier de liaison britannique, agent de renseignement et mythomane avéré, Thomas Edward Lawrence. Le rôle que ce personnage ambigu, qui a retracé son aventure dans un ouvrage littéraire fort peu historique[3], est totalement disproportionné à la réalité[4]. Le chef de la mission militaire française au Hedjaz, le général

---

1. KHAIRALLAH, Khairallah T. *Le problème du Levant*, ouvrage précité.
2. CLOAREC, Vincent, *op. cit.*
3. *Seven Pillars of Wisdom*, 1922.
4. Pour un point de vue arabe sur Lawrence v. MOUSSA, Suleiman. *Songe et mensonge de Lawrence*, trad. de l'arabe. Paris, Sindbad, 1973.

Édouard Brémond (à l'époque lieutenant-colonel), a pu souligner que Lawrence ne fut ni le commandant de la révolte armée, ni son instigateur, tant il est vrai que « la petite flûte ne fait pas l'orchestre[1] ».

Le retentissement de la révolte fut considérable dans l'opinion arabe. À Constantinople, le régime des jeunes Turcs avait réagi en faisant proclamer grand chérif de la Mecque un lointain cousin de l'émir Hussein. L'usurpateur avait reçu d'importantes sommes d'argent pour tenter de soudoyer les tribus mais l'échec fut total. Les chefs de tribus comme les notables des grandes villes arabes réaffirmèrent leur soutien à Hussein qui prit le titre de « roi (*malek*) des Arabes », le 30 octobre 1916. Il est vrai que l'arrivée des Syriens et des Irakiens au Hedjaz avait contribué à donner à la révolte du chérif Hussein un caractère interarabe. Comme l'a affirmé Sati el Housri :

> « Déclenchée à la Mecque et conduite par l'émir Hussein, la révolte ne fut pas hedjazienne, mais arabe au sens propre du terme. Elle avait pour but l'indépendance de toutes les provinces arabes et la création d'un État arabe unifié qui conduirait la Nation dans la voie d'une authentique renaissance[2] ».

Bien sûr, les Arabes ne pouvaient savoir que leurs aspirations nationales étaient déjà bafouées par les puissances, en particulier par Londres. Il faut convenir que la Grande-Bretagne ne prend jamais d'engagement qu'elle ait l'intention de tenir réellement. Parallèlement aux négociations conduites avec Hussein, le ministre britannique des affaires étrangères, Mark Sykes, et le diplomate français François Georges-Picot, avaient conclu en mai 1916 un accord, incluant également la Russie, visant à se partager les territoires arabes placés sous occupation ottomane.

Par ailleurs, les Britanniques encourageaient tout aussi secrètement les revendications sionistes en Palestine avec la déclaration Balfour du 2 novembre 1917. En effet, dans un courrier adressé au chef de la communauté juive d'Angleterre, le ministre des affaires étrangères britanniques, Arthur James Balfour avait déclaré que le gouvernement de Sa Majesté envisageait « favorablement l'établissement en Palestine d'un foyer national

---

1. Général BRÉMOND, Édouard. *Le Hedjaz dans la guerre mondiale.* Paris, Payot, 1931.
2. Conférence prononcée au Caire, en février 1948.

pour le peuple juif, et fera tous les efforts pour faciliter la réalisation de cet objectif». Cette déclaration de sympathie à la cause sioniste répondait aux exigences formulées par le président Thomas Woodrow Wilson, lequel avait besoin d'un «geste» de la Grande-Bretagne en faveur des prétentions sionistes pour obtenir l'appui du lobby judéo-américain à l'entrée en guerre des États-Unis. Il est notable que cette lettre privée adressée à un simple citoyen britannique l'emporta au fil des ans sur tous les engagements pris envers les Arabes et sur les droits nationaux des Palestiniens. Il est tout aussi remarquable que l'agent du renseignement anglais, Thomas Edward Lawrence, soi-disant ami des Arabes, était un fervent partisan du sionisme en même temps qu'il consacrait une bonne partie de ses activités à comploter contre l' «allié» français que Londres ne voulait pas voir se mêler des affaires arabes, notamment au Hedjaz et en Palestine[1].

Tout au long de la guerre en Orient, les armées arabes se battirent bravement et repoussèrent les Turcs jusqu'aux frontières de l'Anatolie. En avril 1918, elles entrèrent en Transjordanie où elles prirent la bourgade d'Amman. Le 30 septembre, après avoir combattu sur près de 1500 kilomètres depuis La Mecque et Médine, l'émir Fayçal entra à Damas à la tête de ses troupes, sous les acclamations de la population syrienne. Le 15 octobre, les Arabes délivrèrent Homs, puis Hama et Alep, alors que Bagdad était tombé aux mains des Britanniques qui allaient prendre Mossoul, le 30. Le même jour, la Turquie cessait les combats.

La Grande Révolte se terminait par un incontestable succès pour les Arabes. Il leur restait à découvrir que l'amitié des Anglais est le plus funeste cadeau que Dieu puisse faire à un peuple.

---

1. Les Britanniques s'employèrent à réduire l'activité de la petite unité française conduite par le lieutenant Pisani et à contrecarrer la tentative française de créer une Légion arabe avec les Arabes francophiles.

## L'année de la catastrophe

Après la révolution d'octobre 1917 en Russie, le régime bolchevique avait découvert un certain nombre de documents secrets dans les archives impériales. L'un de ces documents était le texte de l'entente conclue, en mai 1916, entre la France, la Grande-Bretagne et la Russie et qui avait conduit à des accords signés par le ministre britannique Mark Sykes et le diplomate français François Georges-Picot. Ces accords avaient prévu un partage des dépouilles arabes de l'Empire ottoman selon le plan suivant :

- une zone bleue française d'administration directe au Liban et en Cilicie. Une zone A d'influence française en Syrie du Nord et dans la province irakienne de Mossoul ;
- une zone rouge anglaise d'administration directe en Irak. Une zone B d'influence anglaise sur une partie de la Palestine, de la Syrie du Sud et en Transjordanie ;
- une zone brune d'administration internationale comprenant la plus grande partie de la Palestine (Acre, Haïfa, Jérusalem).

Consterné par ces révélations, le chérif Hussein demanda à Londres de garantir de nouveau l'indépendance et la souveraineté arabes après la guerre. De leur côté, sept dirigeants nationalistes arabes originaires de la Grande Syrie – Rafik el Azem, Kamel el Kassab, Moktar ekl Solh, Abdel Rahman Chahbandar, Khaled el Hakim, Faouzi el Bakri et Hassan Himadeh – déposèrent un mémorandum auprès du Bureau arabe du Caire. Les Britanniques comprirent qu'il fallait rassurer leurs alliés arabes et le 16 juin 1918 le Foreign Office publia une « déclaration aux Sept » dans lequel étaient officiellement confirmées les promesses faites naguère aux Hachémites :

> « La Grande-Bretagne reconnaît l'indépendance complète et souveraine des Arabes habitant les territoires qui étaient indépendants avant la guerre et des territoires libérés de l'occupation turque par les Arabes eux-mêmes.
> Pour ce qui concerne les territoires libérés par les alliés, la Grande-Bretagne réaffirme que leur gouvernement sera fondé sur le principe de l'autodétermination ».

Après l'armistice de Moudros, le 30 octobre 1918, et alors que les troupes françaises avaient pris le contrôle de Beyrouth et des ports du littoral syrien, Fayçal avait réagi vigoureusement. Le 7 novembre Paris et Londres durent publier un communiqué commun qui se voulait lénifiant :

> « L'objectif de la France et de la Grande-Bretagne en Orient est la libération complète et totale des peuples si longtemps occupés par les Turcs, et l'établissement de gouvernements nationaux et d'administration souveraine qui détiendront leur légitimité de la pleine liberté de décision des populations concernées. Au nom de ces principes, la France et la Grande-Bretagne s'engagent à appuyer et apporter toute leur aide à l'établissement de gouvernements indépendants en Syrie et en Mésopotamie qui ont déjà été libérées par les alliés aussi bien que dans les autres territoires… »

À la fin de l'année 1918, Fayçal fut désigné par son père pour représenter le Hedjaz à la conférence de la paix qui allait se dérouler en France. Au début janvier 1919, les Britanniques le convainquent qu'il devrait rencontrer le chef de la fédération sioniste, Chaim Weizsmann, afin de se ménager la sympathie des États-Unis d'Amérique. Il semble qu'à cette époque, les Hachémites n'avaient pas encore pris la mesure du danger que représentait le mouvement sioniste pour la Palestine et les Arabes. Weizmann affirma d'ailleurs au prince que les sionistes ne voulaient qu'un centre à Jérusalem et quelques endroits où ils pourraient « se réfugier ». Harcelé par les Britanniques, notamment par Lawrence qui était le porte-parole zélé des intérêts sionistes, Fayçal fit de vagues promesses qui n'engageaient d'ailleurs que lui-même et qui étaient expressément subordonnées à la condition que les Arabes obtinssent l'indépendance selon leurs revendications[1].

La conférence de la paix s'ouvrit le 18 janvier 1919. Fayçal ne tarda pas à découvrir que le Premier ministre britannique Lloyd George et le président du conseil français Georges Clémenceau n'avaient en vue que les intérêts coloniaux de leurs pays, sous l'arbitrage du président des États-Unis d'Amérique. Thomas Woodrow Wilson, l'homme des

---
1. Moussa, Suleiman. *Songe et mensonge de Lawrence*, ouvrage précité.

« quatorze points », affichait un air de quaker mystique et sévère avec la farouche volonté de s'imposer comme le gendarme d'un ordre nouveau, « un messie tout en dollars, descendu des gratte-ciel pour la rédemption de l'ancien monde ». « Voilà donc les champions du monde nouveau », pensait Fayçal. Ce seigneur de la péninsule Arabe était à cent lieues des calculs de maquignons de gens qui n'avaient pas de parole. Désormais, il se méfiait de tout le monde, y compris de Lawrence qui prétendait toujours assurer le rôle d'agent de liaison avec le gouvernement britannique. Mais les Français avaient pris soin d'informer Fayçal que Londres le bernait en jouant plusieurs jeux à la fois. Clémenceau qui avait pris en affection le jeune prince arabe, lui déclara sans fard qu'il ferait mieux d'abandonner une bataille sans espoir et modérer ses revendications. Toutefois, le 6 mars, l'émir arabe marqua un point en obtenant de la conférence la désignation d'une commission d'enquête internationale qui devrait se rendre en Syrie et en Palestine afin de faire un rapport sur la situation et s'enquérir des vœux des Arabes. Wilson appuya cette démarche qui avait le mérite, selon lui, d'indisposer Paris et Londres. Le président des États-Unis s'engagea à désigner deux délégués pour composer la commission : Henry King et Charles Crane.

Ayant arraché cet accord, et convaincu qu'il ne pourrait rien faire de mieux, Fayçal n'avait plus de raison de perdre son temps à Paris. Il décida de regagner Damas afin d'y attendre la mission King-Crane. Le traité de Versailles mettant fin à la première guerre mondiale fut signé le 28 juin 1919. On sait que ce « mauvais traité » ne satisferait personne. Le roi Hussein refusa de le ratifier car il était précédé du pacte constitutif de la Société des nations (SDN), qui prévoyait, par son article 22, d'instituer un régime de mandats sur plusieurs territoires arabes : la Syrie la Palestine, Irak, la Transjordanie.

Dans l'Orient arabe, la situation était devenue explosive. À la fin 1918, une insurrection avait éclaté au Caire où le nouveau parti Wafd exigeait l'indépendance immédiate. À la suite de l'arrestation du fondateur du parti, Saad Zagloul, l'agitation avait atteint son paroxysme quand les troupes britannique et australienne avaient ouvert le feu sur les civils. En Palestine, la population autochtone arabe commença à s'insurger contre la menace sioniste. À Damas, à Bagdad et dans bien d'autres villes

arabes les manifestations nationalistes étaient quotidiennes. C'est dans ce contexte que la commission King-Crane allait arriver à Damas ou les nationalistes avaient décidé de réunir un congrès général réunissant des délégués de toute la Syrie, y compris du Liban et de la Palestine, et d'Irak. Ce congrès, présidé par le grand cheikh réformiste Rachid Rida, national s'ouvrit le 8 juillet 1919 et décida de voter une résolution qui serait présenté à la commission King-crane. Le texte réclamait :
- la reconnaissance de l'indépendance de la Syrie, incluant la Palestine, comme état souverain constitué en monarchie constitutionnelle sous la direction du prince Fayçal ;
- la reconnaissance des frontières de cet état dans les limites suivantes : le Taurus au Nord, la Méditerranée à l'Ouest, les frontières avec le Hedjaz au Sud, l'Euphrate à l'Est ;
- l'abrogation des accords Sykes-Picot, de la déclaration Balfour et de l'article 22 du pacte constitutif de la société des nations ;
- la reconnaissance de l'indépendance et de la souveraineté de l'Irak qui instituerait des liens privilégiés avec la Syrie.

Le congrès dénonça vigoureusement les plans de partition du Liban et de la Palestine de l'ensemble syrien. Aussitôt connue, cette résolution fut plébiscitée par la population. C'est alors que furent rendues publiques les conclusions de la commission King-Crane. Elles étaient favorables au droit des Arabes, notamment pour ce qui concernait le maintien de l'unité de la Syrie où elles préconisaient la reconnaissance de l'émir Fayçal comme souverain légitime. Pour la Palestine, la commission considérait que l'objectif des organisations sionistes étant de chasser les Arabes, il convenait donc de mettre en garde contre la politique sioniste en Palestine. En fin de compte, la commission se prononçait pour un régime transitoire de mandats de très courte durée, destiné à accompagner la Syrie et l'Irak sur la voie de l'indépendance totale.

Ces recommandations soumises à Paris et à Londres, le 28 août 1919, se heurtèrent naturellement à une véritable fin de non-recevoir. Henry King qui pensait pouvoir convaincre Wilson, partit pour les États-Unis afin de le rencontrer. Hélas, lorsqu'il arriva à Washington, le président des États-Unis était dans un état de santé déplorable, frappée par une attaque de paralysie. Alors même qu'un fort sentiment protectionniste se développait dans le pays, l'hôte de la Maison-Blanche n'avait ni la force, ni les moyens, ni peut-être même l'envie, de se lancer dans un bras de fer avec les deux grandes nations européennes. Il estimait maintenant que celles-ci n'avaient qu'à régler le problème entre elles. Pendant ce temps, les États-Unis s'occupaient de leur implantation dans les régions pétrolières du golfe Arabe et en Iran. Le rapport de la commission, qui aurait pourtant pu éviter beaucoup de drames dans la région, finit dans un tiroir. Le 15 septembre 1919, Paris et Londres, ayant le champ libre, concluaient un traité visant à l'application des accords Sykes-Picot. L'Irak était placé sous la domination britannique. Un mandat britannique était également instauré en Palestine et en Cisjordanie. Paris s'octroyait le Liban et la petite Syrie. Il était également prévu que la France percevrait 25 % des droits pétroliers de la région de Mossoul.

Dans ces conditions la ligne modérée adoptée jusqu'ici par l'émir Fayçal n'était plus de mise. Le 8 mars 1920, le congrès syrien, présidé par Hachem el Atassi, rejeta en bloc tous les traités signés entre les puissances au mépris des droits arabes. Fayçal fut proclamé roi de Syrie, avec pour mission d'assurer l'indépendance du pays. Le même jour, son frère Abdallah était proclamé roi d'Irak par un congrès national réuni à Bagdad. La France et la Grande-Bretagne convoquèrent une conférence à San Remo afin de liquider la succession ottomane et de régler au plus vite le sort des territoires arabes. Il fut décidé de précipiter la mise en vigueur du mandat français au Levant afin de mettre un terme à la tentative de Fayçal de s'installer à Damas. Il fut également précisé que la Transjordanie (c'est-à-dire la zone d'Amman, de Maan et d'Akaba) relèverait du haut-commissaire britannique en Palestine. Les décisions prises à San Remo causèrent une immense indignation dans le monde arabe. L'agitation reprit de plus belle en Palestine où des émeutes eurent lieu à Jérusalem, Jaffa et plusieurs autres villes. À Beyrouth, une partie de la population manifesta lorsque le général Gouraud expulsa le gouverneur nommé par Fayçal. Le 24 juillet 1920, Henri Gouraud lança son offensive en direction de Damas à partir de la base aérienne de Rayak. L'armée arabe fut défaite à Khan Maysaloun, près de la frontière actuelle entre le Liban et la Syrie, tandis que le ministre de la défense de Fayçal, Youssef el Azmeh trouvait la mort en chargeant au premier rang de ses troupes. Après Maysaloun, la route de Damas se trouvait largement ouverte. Le 28 juillet, Fayçal dut s'enfuir alors que les troupes françaises pénétraient dans la cité omeyyade qui avait été bombardée par l'aviation et l'artillerie.

Ce fut en Irak, éternelle terre des révoltes, que les événements furent le plus dramatiques. Alors que le pays était occupé par plus de 120 000 soldats britanniques et anglo-indiens, un congrès national convoqué par les dirigeants nationalistes avait proclamé l'indépendance et nommé l'émir Abdallah roi d'Irak. Les fêtes du ramadan, en mai 1920, portèrent le désordre au plus haut. Sunnites et chiites ayant décidé d'organiser des célébrations communes servant de prétexte à de grandes réunions de masse en faveur de l'indépendance, les Britanniques perdirent leur sang-froid. Ils tirèrent sur la foule. Au début de juin, la révolte fut générale. Les villes et les campagnes se soulevèrent, les garnisons anglaises furent attaquées, les communications internationales furent coupées. La réponse britannique fut terrible. L'aviation bombarda les troupes des tribus qui tentaient de marcher sur la capitale. Des bombes à gaz furent utilisées. Des villages furent rasés. Ce fut un véritable carnage. À la fin de l'été, la révolte irakienne était pratiquement anéantie, ses principaux dirigeants furent exécutés, des camps de concentration s'ouvrirent dans tout le pays. En octobre 1920, Percy Cox pouvait câbler à Londres qu'il était totalement maître de la situation. Mais pour faire face à la révolution irakienne, il avait dû engager des moyens considérables, dépenser plus de 100 millions de livres et aligner plus de soldats, d'avions et de chars que la Grande-Bretagne ne l'avait fait contre l'armée turque. En même temps, la brutalité de la puissance occupante avait renforcé dans le peuple l'esprit national et le sentiment de solidarité arabe.

Le 10 août 1920, le traité de Sèvres consacra le démantèlement de l'Empire ottoman et confirma le découpage des territoires arabes ainsi que les mandats britanniques et français sur l'Irak, la Palestine, la Transjordanie, la Syrie et le tout nouveau Liban. Ainsi le rêve d'un grand état arabe se trouva-t-il brisé durant l'été de l'année 1920 qui est resté pour les Arabes «l'année de la catastrophe» (*al aam al nakba*).

# 4

# NATIONALISME ARABE, PARTICULARISMES LOCAUX ET PANISLAMISME

Les nationalistes arabes furent au nombre des grands vaincus des règlements intervenus entre les puissances européennes après la première Guerre mondiale. Ils se retrouvaient maintenant dans des États différents dont les frontières avaient été tracées arbitrairement par des traités auxquels les Arabes n'avaient pas été partie prenante. Plus encore, cette situation créait en quelque sorte des blocs d'intérêts divergents : des États (Hedjaz, Transjordanie, Irak) dirigés par les Hachémites avec le soutien britannique, le renouveau de la dynastie des Saoud dans la péninsule Arabe, la Syrie qui était le cœur du mouvement national, l'Égypte à la recherche de son destin, le Maghreb sous domination française…

Cette situation allait conduire d'une part à l'éclosion de nouveaux courants proposant pour les uns de limiter le cadre national aux seuls États institués par les aménagements d'après-guerre ou à des entités artificielles prenant prétexte des appartenances confessionnelles ou pseudo-ethniques, c'est-à-dire ce qu'on a appelé des patriotismes locaux, et, pour les autres, de dépasser le cadre nationaliste au nom d'un panislamisme tout aussi utopique qu'imprécis. Du même coup, on allait assister au raffermissement doctrinal du mouvement national arabe, lequel ne cessa d'ailleurs de se manifester et de lutter durant toute cette période.

L'après-guerre fut une période de chambardement dans le monde arabe. En Syrie, l'occupation française ne cessa d'être contestée et un ancien de la Grande Révolte arabe, qui avait été l'éphémère ministre des Affaires étrangères de Fayçal à Damas puis avait créé le Parti du peuple (*Hizb al chaab*), Abdel Rahman Chahbandar (m. 1940) organisa la révolte dans le

Djebel al Arab (ou Djebel druze) en 1925-1927[1]. Certes, après bien des péripéties, deux des fils du chérif Hussein avaient été installés au pouvoir : Fayçal était devenu roi d'Irak en 1921 et Abdallah roi d'un improbable État de Transjordanie qui était une création purement britannique. Pour sa part, le vieux chérif Hussein du Hedjaz était déconsidéré. Ayant vu tous ses espoirs détruits par la perfidie britannique, il se retrouvait à la tête d'un État fragile et dépendant d'une Grande-Bretagne qui ne lui accordait plus aucune attention. En même temps, il était maintenant contesté dans la Péninsule même par la vitalité du royaume des Saoud restauré par Abdel Aziz Ibn Saoud. Celui-ci nourrissait de grandes ambitions. À la suite de l'effondrement de l'Empire ottoman, le Saoud voulait réunifier la péninsule Arabe et y rétablir un vaste État arabo-islamique qui serait un nouveau point d'ancrage pour les musulmans désorientés par la chute de la Porte. En 1921, il envoya son fils Fayçal rétablir l'ordre dans l'Asir qu'il finit par annexer (1924) avant de conquérir le Haïl. Surtout, il prit la mesure de la déliquescence du pouvoir de 'Hussein Ibn Ali.

Le conflit entre Abdel Aziz et Hussein était d'autant plus inévitable que les Britanniques comptaient sur la coalition hachémite (Hedjaz, Transjordanie, Irak) pour réduire les ambitions du souverain du Nedjed. Or, Hussein n'était pas seulement affaibli par le fait qu'il s'était laissé dupé par les Britanniques mais il l'était encore davantage par les erreurs accumulées. En effet, sa prétention de se voir attribuer le titre de roi des Arabes avait indisposé les autres dirigeants arabes. De même, après la déposition par le régime d'Atatürk du dernier calife ottoman en mars 1924, sa tentative de se proclamer calife sans aucune consultation avec les autres musulmans avait provoqué un mécontentement d'autant plus vif que sa gestion des Lieux Saints de La Mecque et de Médine était jugée calamiteuse. Enfin, le roi du Hedjaz avait commis une erreur manifeste d'appréciation en multipliant les gestes discourtois ou hostiles vis-à-vis de l'émir du Nedjed, Abdel Aziz Ibn Saoud[2]. Or, face au Saoud, qui brandissait l'étendard d'un Islam régénéré, Hussein ne

---

1. Il est avéré que les Britanniques apportèrent leur soutien à des éléments druzes de cette région, mais la révolte elle-même rassembla des nationalistes de toutes les confessions, aussi bien des druzes que des sunnites, des alaouites ou des chrétiens. L'un des principaux dirigeants de la révolte fut d'ailleurs une personnalité sunnite, Jamil Mardam bey.
2. V. ANTONIUS, George. *The Arab awakening*, ouvrage précité.

pouvait guère compter que sur les canons anglais. Mais, les Britanniques n'avaient plus les moyens, ni sans doute la volonté, de sauver la mise de leur ancien allié. C'est dans ces conditions, que la guerre s'engagea entre le roi du Hedjaz et l'émir du Nedjed. En 1924, le Saoud prit Taëf. Ses guerriers poursuivirent leur marche vers les murailles de la Mecque où le chérif Hussein abdiqua en faveur de son fils Ali, en novembre 1924. En septembre 1925, La Mecque tomba puis ce fut le tour Djedda. Ali abdiqua puis Abdel Aziz reçut l'allégeance des habitants du Hedjaz qui le reconnurent comme roi, le 8 janvier 1926.

La prise du Hedjaz par le Saoud changea la donne d'une façon considérable. Le Royaume du Nedjed, du Hedjaz et ses dépendances s'étendait désormais du golfe Arabe à la mer Rouge ; il pouvait bénéficier des compétences administratives et commerciales réunies dans le territoire hedjazien plus traditionnellement ouvert vers l'extérieur ; il prenait à sa charge la garde des Lieux Saints de l'Islam, La Mecque et Médine ; il accroissait considérablement ses ressources financières. À partir de là, Abdel Aziz Ibn Saoud consacra ses efforts à créer un État nouveau qu'il voulait asseoir « sur des bases claires, selon les principes authentiques de l'Islam et la Loi islamique[1] ». À l'instar de nombreux réformistes arabo-musulmans, Rachid Rida se rapprocha des Saoud dans la mesure où il voyait dans la formation de ce nouvel État – qui allait engager un processus de réformes et de modernisation – un facteur d'espoir à la fois pour le monde musulman et pour la nation arabe.

C'est dans ce contexte que les Arabes, et plus généralement les musulmans, devaient se trouver confrontés à plusieurs défis : la question du califat, l'implantation sioniste en Palestine et la lutte contre le colonialisme. Pour répondre à ces problèmes, ils organisèrent une série de grands congrès marquant bien leur détermination.

---

1. Fayçal Ibn Michaal Ibn Saoud Ibn Abdul Aziz al Saoud, *Le développement politique islamique du Royaume d'Arabie saoudite, une évaluation du Conseil consultatif, le Majliss al Choura*, traduction par Zeina el Tibi. Paris, Idlivre, 2003.

# Des congrès du califat au congrès de Bloudane

En Turquie, Atatürk avait supprimé le sultanat et proclamé la république le 29 novembre 1923. Depuis, le califat n'était plus qu'une fonction religieuse honorifique sans réelle signification. Le 3 mars 1924, Atatürk qui détestait la religion et voulait instaurer un État turc occidentalisé et laïc, avait obtenu l'abolition du califat. Bien sûr, le califat ottoman n'était plus qu'une fiction depuis longtemps. Cette fonction que les Ottomans n'avaient jamais vraiment assumée, n'avait été redécouverte que dans la Constitution de 1860 précisant que le sultan était « à titre de Calife suprême, le protecteur de la religion musulmane », mais cela n'avait été qu'une tardive tentative des sultans de Constantinople pour essayer d'unir les membres de la communauté musulmane autour de leur pouvoir menacé par l'expansionnisme européen. De fait le sultan turc n'était calife que de nom et il n'incarnait pas le sentiment et l'intérêt général de la *Oumma*. Aussi, à l'exception de quelques protestations, très platoniques, des musulmans de l'Inde – inquiets de se retrouver seuls face à la menace des ultra-nationalistes extrémistes hindous – et de quelques milieux conservateurs égyptiens, maladivement hostiles à tout changement, peu de musulmans déplorèrent la disparition d'une institution à laquelle les Ottomans n'avaient finalement pas su donner une consistance durable.

Le califat étant aboli et le monde musulman confronté à de nombreux défis, tout le monde s'interrogeait sur les moyens d'établir un système permettant de sauvegarder et de consolider la solidarité de la communauté des croyants. Rachid Rida avait rédigé un ouvrage pour préciser ce qu'était le califat et dans quelles conditions il devait être exercé par un Arabe[1]. La destitution du calife par l'État turc nouveau avait aussitôt provoqué un certain nombre d'ambitions plus ou moins louables. Outre Hussein Ibn Ali du Hedjaz, des Égyptiens avaient revendiqué le titre pour l'un des leurs. Mais ni l'Égypte, encore sous la domination britannique – ce qui risquait de placer le califat sous l'influence d'une puissance étrangère, ni Hussein Ibn Ali, dont l'empressement à s'emparer du titre

---

1. Rida, Rachid. *Le califat ou l'Imamat suprême,* traduction annotée par Henri Laoust. Beyrouth, 1938/Paris, Adrien Maisonneuve, 1986.

avait irrité la communauté, n'avaient été en mesure de rallier les suffrages. Certains avaient avancé le nom de l'imam du Yémen, mais il n'était pas candidat ; d'autres, celui du Sultan du Maroc, qui avait l'avantage d'être Commandeur des croyants et descendant du Prophète, mais le royaume chérifien était occupé par les Français.

C'est dans ce contexte que deux appels avaient été lancés afin de réunir un congrès du califat. Le premier appel émanait des oulémas de l'université cairote d'al Azhar, en mars 1924. Le second, en juin 1924, émanait de l'émir du Nedjed pour insister sur « la nécessité de soumettre la question du califat à un congrès réellement représentatif des peuples musulmans[1] ». Les événements au Hedjaz avaient conduit à suspendre ces projets mais, dès que les choses furent clarifiées après le succès d'Abdel Aziz contre les Hachémites, deux invitations furent envoyées parallèlement pour la tenue d'un congrès musulman. La première adressée par les oulémas d'al Azhar donnait rendez-vous au Caire, le 13 mai 1926. La seconde, à l'initiative du roi Abdel Aziz lui-même, invitait à une réunion à La Mecque, le 7 juin 1926. Dans les deux cas, l'objectif n'était pas d'élire ou de désigner un nouveau calife mais d'étudier et de résoudre une série de questions intéressant le califat et l'avenir de la solidarité du monde musulman. Il s'agissait de définir le califat, d'examiner s'il constituait une obligation de l'Islam, d'étudier s'il était possible d'établir un califat dans les circonstances actuelles et, dans la négative, de réfléchir sur ce qu'il convenait de faire. À ces questions, l'émir du Nedjed et du Hedjaz ajoutait une autre préoccupation : la reconnaissance de la nouvelle situation au Hedjaz et les mesures qu'il convenait de prendre en commun pour assurer la rénovation des Lieux saints qui avaient été laissés dans un état pitoyable et établir l'ordre et la sécurité dans cette région.

La double démarche pour une même cause s'explique par le fait que les oulémas d'Al Azhar voulaient maintenir leur prééminence au sein de l'Islam sunnite alors que le roi Abdel Aziz poursuivait d'autres objectifs. Il voulait affirmer sa qualité de gardien des Lieux saints de l'Islam. Il était également soucieux de rassurer ceux qui craignaient un prétendu « extrémisme wahhabite » en dissipant les craintes des disciples des divers

---

1. Texte traduit sous le titre « La proclamation wahhabite du 2 juin 1924 » et reproduit dans la *Revue du monde musulman*, 1925, premier trimestre, vol. LIX, p. 310-312.

rites sunnites et en rassurant les pèlerins qui visitent chaque année la Mecque et la Médine[1]. Malgré ce début de rivalité entre Le Caire et Riyad, chacun avait veillé à ne pas convoquer son congrès en même temps que l'autre. Les participants du congrès du Caire envoyèrent un message fort courtois au comité d'organisation du Congrès de la Mecque. Des représentants égyptiens allaient d'ailleurs assister au congrès de La Mecque et des envoyés d'Abdel Aziz à celui du Caire. Les invitations avaient été adressées à toutes les communautés musulmanes et aux États, y compris à la Perse qui déclina les deux invitations.

Le congrès général islamique du califat se réunit au Caire, du 13 au 19 mai 1926, en présence d'une trentaine de délégués venus du Hedjaz, de Palestine, d'Irak, de Tripolitaine, du Maroc, de Tunisie, du Yémen, des Indes, d'Afrique du sud. Le congrès du monde musulman, se déroula à la Mecque, du 7 juin au 5 juillet, avec la participation d'une vingtaine de délégations et plus de soixante-dix délégués venus du Nedjed, du Hedjaz, d'Asir, de Palestine, du Liban, de Syrie, d'Égypte, du Soudan, du Yémen, de Tripolitaine, de Turquie, d'Afghanistan, des Indes, de Malaisie et Java, de l'Union soviétique. En outre quelques personnalités indépendantes assistèrent au congrès dont Rachid Rida, en sa qualité de directeur du *Manar* et d'éminent représentant du courant réformiste. Outre l'absence de la Perse, pour des raisons assez obscures, et des musulmans de la Chine, pour des raisons matérielles, il doit être remarqué que la Transjordanie gouvernée par l'émir Abdallah, le fils de Hussein Ibn Ali, ne fut présente à aucun des deux congrès. Mais, l'Irak, où régnait Fayçal Ibn Hussein, fut représenté au Caire par Atallah al Khatib Efendi, directeur des *waqfs* de Bagdad.

Achille Sekaly, qui assista aux travaux des deux congrès dont il a fait une précieuse recension pour la *Revue du monde musulman*, a mis en exergue les efforts déployés en vue de trouver une solution aux problèmes du monde islamique :

> « Considérés d'un point de vue plus élevé, les Congrès du Caire et de La Mecque furent intéressants : d'une part, ils ont constitué des manifestations très caractéristiques des inquiétudes, des

---

1. SEKALY, Achille. « Les deux congrès musulmans de 1926 » in *Revue du monde musulman*, 1926, deuxième trimestre, vol. LXIV.

sentiments et des espoirs actuels du monde musulman; d'autre part, ils ont permis aux représentants de presque tous les pays islamiques de se réunir, de prendre contact les uns avec les autres, de mesurer les distances matérielles et morales qui les séparent en dépit du lien très puissant de la religion, d'échanger leurs idées sur des problèmes très importants et de tenter les premiers essais d'une action commune pour sauvegarder les intérêts et améliorer la situation générale de l'Islam[1] ».

C'est sans doute le réalisme qui a le plus marqué ces deux importants événements. Malgré des vœux pieux destinés à sauvegarder les formes, aucun des deux congrès musulmans n'a résolu la question du califat car tout le monde savait que cette institution – telle qu'elle avait existé dans le passé – était devenue caduque. Il ne s'agissait certes pas de reprendre la théorie très contestée d'Ali Abdel Razek qui avait soutenu dans un ouvrage très contesté qu'il n'y aurait aucune nécessité d'un califat[2], mais de réfléchir à ce qu'il était possible de concevoir au regard du nouveau contexte. Répondant à Ali Abdel Razek, Rachid Rida, qui participa, aux deux congrès, défendit l'idée d'un nouveau califat adapté aux circonstances nouvelles[3]. Il est d'ailleurs intéressant de noter qu'à cette époque encore, le réformisme islamique, dont Rida est l'un des plus illustres chefs de file, ne s'opposaient pas au sentiment national arabe, mais il visait à la compléter ou s'y associer. Le panislamisme commença alors à prendre une forme très mesurée, visant surtout à une sorte de coopération entre les pays de l'Islam. Le célèbre juriste égyptien, Abdel Razak Sanhoury prôna l'institution d'un calife élu qui présiderait une sorte de confédération très souple des pays musulmans constituant une organisation internationale des pays musulmans au sein de la Société des nations[4]. Cette conception semble avoir dominé les congrès du califat du Caire et de la Mecque. Ayant admis que « la tâche est très difficile pour désigner un Calife et cela est dû à plusieurs raisons concernant la communauté

---

1. *Ibidem*.
2. RAZAK Ali Abdel. *L'islam et les fondements du pouvoir* [1925]. Traduction en français; Paris, La découverte, 1994.
3. RIDA, Rachid. *Le Califat ou l'Imamat suprême*, ouvrage précité.
4. SANHOURY Abdel Razak. *Le Califat, son évolution vers une société des nations orientales*. Paris, Geuthner, 1926.

musulmane elle-même, d'une part, les circonstances actuelles et le climat politique de notre époque, d'autre part », les délégués s'intéressèrent tout particulièrement à la mise en place de structures permanentes ou de rencontres régulières pour discuter des problèmes de la communauté et pour trouver les solutions nécessaires.

Dans l'esprit du réformisme qui prônait l'émancipation nationale et la prise en compte des nouvelles réalités géopolitiques, les penseurs musulmans s'orientèrent vers la recherche de formules propres à rapprocher les nations de l'Islam. L'idée fut lancée de l'élection d'un comité exécutif et d'un secrétaire général appelant à la création d'une organisation musulmane. Toutefois, ce projet, particulièrement novateur, ne put être concrétisé. En effet, cela supposait que les divers États et gouvernements musulmans fussent eux-mêmes indépendants et souverains pour créer une sorte de société des nations musulmanes. Toutefois, le projet sera relancé à plusieurs reprises. Une première fois, lors du Congrès musulman de Jérusalem, réuni, en décembre 1931, avec le double objectif de promouvoir la solidarité islamique et l'unité arabe. Les délégués, parmi lesquels figuraient de nombreux maghrébins dont le fondateur du Destour[1] tunisien (1919), Abdelaziz Thâalbi (m. 1944), et Messali Hadj fondateur de l'Étoile nord-africaine et pionnier du mouvement indépendantiste en Algérie, adoptèrent d'ailleurs un Pacte arabe proclamant l'unité « complète et indivisible » des pays arabes. Les cent trente délégués venus de vingt-deux pays prirent également plusieurs décisions concernant les problèmes culturels, religieux et politiques intéressant le monde musulman en général. Dans l'esprit des résolutions adoptées par les congrès du califat du Caire et de La Mecque, les congressistes élaborèrent même une Constitution de la conférence islamique générale, qui ne put voir le jour en raison des événements internationaux et de l'hostilité des puissances à l'égard de ce projet.

L'axe principal du congrès de Jérusalem de 1931 visait à discuter du danger de la création d'un État sioniste en Palestine. En effet, l'affaire de Palestine était devenue la question centrale de la cause arabe. Les Britanniques avaient ouvert une boîte de Pandore par les promesses inconsidérées faites aux organisations sionistes durant la guerre. Après

---
1. Parti de Constitution (*Destour*).

le conflit mondial, la politique de Londres fut tout à la fois confuse et désastreuse, notamment en laissant les groupes sionistes venus d'Europe s'installer dans ce pays confié à l'administration anglaise. Dès avril 1920, des incidents violents avaient éclaté entre les Palestiniens et les nouveaux colons, réunis en milices et armés par les Britanniques. Les affrontements avaient redoublé en mai 1921 à Jaffa, puis en août 1929 à Jérusalem, Hébron, Naplouse, Beisan, Jaffa, Acre, Tulkarem, Gaza, etc. La colère devint générale en Palestine et des groupes de résistants s'organisèrent à la fois contre l'occupant britannique et la colonisation sioniste, autour de personnalités comme le grand Moufti Mohammed Amine el Husseini, Abdelkader el Husseini ou le cheikh Ezzedine el Qassâm, tué par les Anglais en 1935. Finalement l'insurrection palestinienne, conduite par Abdelkader al Husseini, devint générale en 1936. Les observateurs ont relevé que Palestiniens musulmans et chrétiens – et parfois des Arabes juifs qui ne voyaient pas d'un bon œil la colonisation de leurs coreligionnaires européens – luttaient côte à côte. C'est ainsi que Robert Montagne, le fondateur du Centre des hautes études d'administration musulmane, a pu écrire : « Je fus témoin, en avril 1936, du début des troubles de Jérusalem qui, depuis cette date, n'ont plus cessé d'ensanglanter le pays. Dans un même cortège, Arabes chrétiens et musulmans confondus clamaient inlassablement en scandant leurs mots, comme le font les foules orientales en révolte, leur volonté de voir arrêter l'émigration en Palestine des Juifs d'Europe[1] ». En 1939, la révolte arabe palestinienne était sur le point de triompher quand Londres publia un Livre blanc proposant à terme l'établissement d'un État palestinien indépendant et la limitation de l'immigration sioniste mais la Seconde Guerre mondiale allait tout bouleverser.

Dans les années trente l'affaire de Palestine avait donné un nouveau souffle au mouvement national arabe. L'un de ses moments forts fut constitué par le congrès arabe qui se tint à Bloudane, près de Damas, du 8 au 10 septembre 1937. Cette réunion qui répondait d'abord au souci d'apporter une aide à l'insurrection nationale en Palestine, réunit près de cinq cents congressistes de Syrie et de nombreux pays arabes (Palestine,

---

1. MONTAGNE, Robert. « Pour la paix en Palestine » in *Politique étrangère* n° 4, 1938, 3ᵉ année, pp. 384-411.

Liban, Irak, Transjordanie, Égypte…) sous la direction de Nabih el Azam, président du comité syrien de secours pour la Palestine. La présidence fut confiée à Najih el Souweidi, ancien chef du gouvernement de l'Irak, et les vice-présidences à l'évêque de Homs, Ignace Houraikeh, à l'ancien ministre égyptien Ali Alloubi et à l'émir libanais Chékib Arslan, qui était le représentant officieux de l'arabisme à la Société des nations à Genève où il publiait le journal *La nation arabe*. Riad el Solh, futur Premier ministre libanais, occupa la fonction de rapporteur et le Palestinien Izat Darwaza celle de secrétaire général. Il est notable que la présence de délégués venus de l'Égypte posait enfin le principe que le nationalisme arabe s'étendait désormais à ce grand pays. En revanche, le Maghreb n'était pas officiellement représenté car, affirma Chékib Arslan, les délégués « ne voulaient pas se faire d'ennemis puissants » (notamment la France) encore que ne fût point exclu le principe que la nation arabe formait « avec les Musulmans du Maghreb une unité linguistique, culturelle, religieuse et sentimentale ».

Les délégués envoyèrent des télégrammes à plusieurs personnalités internationales pour appeler leur attention sur le drame de Palestine. L'un d'eux fut adressé au pape Pie XI pour demander son intervention « afin de parer à la catastrophe menaçant les Lieux Saints ». Un autre exprima les remerciements du congrès à Jawaharlal Nehru, pour les efforts qu'il avait déployés aux Indes en faveur de la Palestine. D'autres messages furent envoyés à la Société des Nations, au Premier ministre britannique, aux délégations de la Palestine, de l'Irak, de la Turquie, de l'Iran à Genève. À l'initiative de Chékib Arslan, les congressistes adoptèrent également un pacte par lequel ils s'engageaient « devant Dieu, l'histoire, la nation arabe tout entière et les peuples musulmans, à persévérer dans la lutte pour la cause arabe en Palestine, jusqu'à la libération de ce pays et l'établissement de la souveraineté arabe en Palestine ». La solidarité entre Arabes musulmans et Arabes chrétiens était réaffirmée.

Le congrès de Bloudane a été – après le congrès national arabe de Paris en 1913- l'un des actes fondateurs de l'idée unitaire arabe. Il vit s'exprimer plus clairement la nécessité d'une cohésion politique arabe et d'une large coopération en matière d'entente culturelle, de recherche scientifique, d'unification des programmes d'enseignement, d'échanges de techniciens, de politique industrielle commune, de circulation des capitaux. Très vite, des sections d'information et de propagande furent créées dans divers pays arabes, en Syrie, en Irak, au Maroc, en Égypte, mais aussi dans la diaspora arabe des Amériques. Tous les États arabes indépendants (Arabie saoudite, Irak, Yémen) soutinrent les résolutions de Bloudane, à l'exception notable de la Transjordanie où l'émir Abdallah, « généralement considéré comme favorable à un accord arabo-juif, avait fait emprisonner à leur retour de Bloudane quelques délégués[1] ». En revanche, en Irak, le roi Ghazi 1er, le fils aîné de Fayçal, était en phase avec son peuple en affichant des opinions nationalistes arabes[2] qui lui valurent d'être assassiné par les Britanniques, en 1939. Il est également remarquable que le chef du Destour tunisien, le cheikh Abdelaziz Thâalbi, se fit en Tunisie le porte-parole des résolutions adoptées alors que les scissionnistes du Néo-Destour de Bourguiba « semblaient au contraire pratiquement se désintéresser des progrès du sionisme[3] » et de la cause de l'arabisme.

Pendant que les nuages s'amoncelaient au-dessus de lui, le monde arabe connaissait une intense agitation idéologique et militante qui ne se limitait d'ailleurs pas à la revendication nationale arabe. En effet, la colonisation européenne, les mandats (Levant, Palestine, Irak jusqu'à l'indépendance en 1932) et autres protectorats (Tunisie, Maroc, Égypte) nourrirent des oppositions qui se manifestèrent par la création de partis ou de groupes indépendantistes : le Destour en Tunisie, l'Étoile nord-africaine en Algérie, le comité d'action marocain (futur *Istiqlal*) d'Allal el Fassi au Maroc – où l'âme de la résistance restait le sultan Mohammed V, la confrérie de la Sénoussiya en Libye, le Wafd en Égypte. Mais à côté de ces formations proclamant un patriotisme local qui, souvent, pouvait se conjuguer avec une certaine idée de l'arabisme – y compris au Maghreb où Chékib Arslan contribua puissamment à la diffusion des idées panarabes, d'autres imaginèrent des idéologies nouvelles fondées sur des appartenances plus ou moins imaginaires : le pharaonisme en Égypte, le phénicianisme au Liban, la Grande Syrie. Pour certains de ces

---

1. *Ibidem.*
2. Il avait créé une radio nationaliste arabe installée au palais royal, *al Kasr el Zouhour* (le palais des Fleurs).
3. Montagne, Robert, *op. cit.*

mouvements régionalistes, l'influence occidentale était évidente comme elle le fut également – et très paradoxalement – dans la constitution d'un parti, celui des Frères musulmans, qui, après avoir instrumentalisé la religion au profit de ses visées politiques, allait désormais croître et décroître d'une manière inversement proportionnelle à la croissance ou à l'affaiblissement du nationalisme arabe.

### Entre le régionalisme et le panislamisme

Dans la période de transition des années 1920-1940, le monde arabe vit donc s'affronter toutes sortes de mouvements aux idéologies les plus diverses. Outre les communistes, réunis d'abord au sein du parti communiste de Syrie et du Liban, membre du *Komintern*[1] en 1928, qui ignoraient délibérément la question nationale et dont l'influence allait rester modeste[2] malgré quelques percées en Irak et au Soudan, les deux principaux courants hostiles au nationalisme arabe furent les régionalismes et ce qu'on finira par appeler l'islamisme. Ces courants prospérèrent surtout en Égypte et au Liban.

En Égypte, la tendance à une sorte de repli nilotique n'a cessé de s'opposer aux idéaux panarabes portés par les réformistes musulmans comme Mohammed Abdou. Certains ont pu trouver dans la *Salafiya*, les premières traces d'une pensée nationaliste arabe[3], quand bien même le lien réformisme-nationalisme est plus fort dans la pensée de Rachid Rida, Abdel Rahman Kawakibi et Chékib Arslan que dans celle d'Abdou. Il est notable que le sentiment national arabe en Égypte a souvent varié selon les circonstances. Quand le pays était faible et humilié, la priorité restait au patriotisme local, quand s'exprimait un courant de pensée dynamique et vigoureux, comme celui d'Abdou et ses compagnons, ou quand il se relevait, il affichait davantage son ambition arabe, ce fut le cas sous Mohammed Ali et ses fils, puis, surtout, sous Gamal Abdel Nasser

---

1. Ou troisième Internationale, organisation subversive créée, en 1919, par les bolcheviks (Lénine, Trotski), rebaptisé Kominform à partir de 1947.
2. SAMARBAKHSH, A. G. *Socialisme en Irak et en Syrie.* Paris, éditions Anthropos, 1980.
3. HAIM Sylvia G. *Arab nationalism An Anthology.* Berkeley and Los Angeles, University of California Press, 1962, p. 21.

de 1952 à 1970. Il est vrai également que dans la période d'éclosion du nationalisme arabe, l'Égypte devait faire face à ses propres problèmes. Ayant pris leurs distances avec la Porte depuis le début du XIXe siècle et occupés par les Britanniques depuis 1882, les Égyptiens n'ont jamais réellement approuvé la Grande Révolte conduite par les Hachémites et les nationalistes arabes de Syrie et du Hedjaz qui désiraient libérer leurs territoires de la domination ottomane et n'excluaient pas, pour ce faire, une collaboration avec la Grande-Bretagne. À vrai dire, le problème des Égyptiens consistait précisément à se débarrasser des Anglais. Ils n'avaient, pour leur part, pas de grief particulier contre le pouvoir ottoman depuis que Mohammad Ali avait instauré une autonomie de fait. Ainsi, Mustapha Kamel, fondateur, en 1907, du Parti national, n'hésitait pas à se présenter comme un « Égyptien ottoman », fidèle au sultan-calife. À la suite de la mort de Mustapha Kamel, en 1908, les idées favorables à un patriotisme nilotique avaient été reprises par Lotfi el Sayed qui avait fondé le parti *Oumma*. Moins favorable à l'ottomanisme et plus détaché de la religion musulmane, ce parti était indifférent au principe de l'unité arabe. Il défendait une sorte de ligne pharaonique de « l'Égypte seule », illustrée par des écrivains comme Ali Abdel Razek ou Taha Hussein qui, pour sa part, abandonnera ensuite l'idéologie pharaonique pour se rapprocher de l'arabisme.

Après la Première Guerre mondiale, Saad Zaghloul avait formé une délégation (*wafd*) pour négocier l'indépendance avec Londres qui était la puissance protectrice. Ainsi naquit le Parti de la délégation, le Wafd, en 1918. L'arrestation de Zaghloul et son envoi à Malte en mars 1919, en fit le symbole des aspirations du peuple à l'indépendance, comme plus tard la déportation du sultan Mohammed V du Maroc allait encore renforcer la légitimité de la monarchie marocaine. Le Wafd démontra sa force en organisant de vastes rassemblements contre l'occupation britannique et le sort réservé à son chef tandis que la sauvagerie de la répression britannique ne fit qu'accentuer le mouvement que les Égyptiens appelleront « la première révolution ». Les Britanniques durent céder et faire revenir Zaghloul, le 7 avril 1919. Il fut autorisé à se rendre à la conférence de la paix à Paris puis à Londres où il entama des négociations avec les Britanniques avec l'espoir d'arracher l'indépendance de l'Égypte, ce qui ne convenait pas du tout au gouvernement anglais dont toute la politique allait viser désormais à marginaliser le Wafd et plus généralement toutes les formes de patriotisme local ou de de nationalisme arabe en favorisant d'autres courants politiques. Pour sa part, le Palais tentait de tirer son épingle d'un jeu singulièrement compliqué. Le 15 mars 1921, l'Angleterre exila de nouveau Zaghloul aux Seychelles et tenta de détourner la fureur populaire en reconnaissant le principe de l'indépendance de l'Égypte. En 1922, Londres mit fin formellement au protectorat. Fouad prit aussitôt le titre de roi et chargea le Premier ministre, Hussein Rachdi, de préparer un projet de Constitution dans la limite des quatre points réservés à la Grande-Bretagne : la sécurité des communications de l'armée britannique, la « défense » de l'Égypte, la protection des intérêts étrangers (contrôle de la compagnie du canal de Suez) et le Soudan. En 1923, la pression populaire permit le retour de Zaghloul qui, cette fois, avait été déporté à Gibraltar. Bien qu'il fût opposé à un processus qui ne résolvait pas la question de l'indépendance, Zaghloul opta pour la participation aux élections de janvier 1924. Le Wafd remporta les élections de 1924 en enlevant plus de 85 % de sièges et Zaghloul fut nommé Premier ministre, bien décidé à mettre un terme à la présence anglaise.

Quelques semaines après les élections égyptiennes, le gouverneur du Soudan, Sir Stack, fut assassiné dans des conditions mystérieuses. L'attentat fut attribué à un militant du Wafd et il n'en fallut pas plus pour que Zaghloul fût démis de ses fonctions. Mais, le Wafd remporta de nouveau les élections de de 1926 et accéda au pouvoir juste avant la mort de son fondateur en 1927. Si Saad Zaghloul n'eut pas un successeur à sa mesure en la personne de Nahhas, qui laissa s'installer au sein du parti la corruption et le conservatisme à partir de la fin des années trente, il avait réussi à créer une organisation dotée d'une assise populaire, d'un encadrement de qualité et aspirant à un système plutôt libéral. Sur le plan de la pensée politique, le Wafd n'était pas très novateur et il était loin de présenter une unité doctrinale. D'inspiration libérale, il ne considérait pas la question religieuse comme essentielle et il insistait davantage sur la spécificité culturelle de l'Égypte. Pour lui la priorité était naturellement l'indépendance totale de l'Égypte. Pourtant, à l'instar de nombreux partis patriotiques locaux, le Wafd ne rejetait pas l'idée d'une nation arabe, ou du moins le principe d'une certaine solidarité entre les Arabes, d'autant plus que l'Égypte pourrait y jouer un rôle important. C'est, par exemple, le cas de l'un de ses penseurs, le copte Makram Ebeïd (m. 1961) qui n'hésitait pas à proclamer « Je suis Égyptien de nationalité, et musulman de culture ». Il affirmait encore que les Égyptiens « sont des Arabes[1] », un maillon de la chaîne, un élément d'une grande patrie où chacun doit être doté de sa personnalité propre mais où tous sont unis autour d'un idéal commun.

En réalité, l'Égypte commençait à s'intéresser aux problèmes arabes. La pensée nationaliste arabe n'était plus uniquement l'apanage de certains cercles, mais était également un sujet de discussion dans les associations et groupements composés de citoyens. Outre les grands congrès généraux comme ceux de Jérusalem (1931) et de Bloudane (1937), des congrès interarabes spécialisés – médecins, avocats, intellectuels, etc. – avaient commencé à se tenir et des Égyptiens y participaient activement. En 1936, un groupe de personnalités égyptiennes – dont le diplomate Abdel Rahman Azzam, le futur secrétaire général de la Ligue des États arabes, l'écrivain Mansour Fahmi, Abdel Sattar el Basil et Mohammed Ali Alouba – créèrent une Association pour l'unité arabe qui entra en contact avec les nationalistes de Syrie. Cette association, qui passait pour être soutenue par le Prince Fayçal el Saoud, fils du roi Abdelaziz d'Arabie, connut un grand succès dans les milieux intellectuels et étudiants du Caire. Les choses évoluèrent rapidement comme le démontre le cas de l'écrivain Taha Hussein. Après une série de polémiques avec les réformistes musulmans (Rachid Rida) et les nationalistes arabes (Sati el Housri[2]), il est notable que Taha Hussein, adoptera, après la seconde Guerre mondiale, une attitude plus proche de l'arabisme. Il exaltera les valeurs arabo-islamo-méditerranéennes en insistant sur l'éthique sociale du Coran[3], se ralliant à une conception proche du réformisme et faisant

---

1. EBEID, Makram. *Al Makramiyât*, (Recueil de textes de Makram). Le Caire, s. d.
2. EL-HOUSRI, Sati. « *Bain Misr wa al Ourouba* » (Entre Égypte et arabisme), texte de 1938 reproduit dans *Ara wa ahadith fi al wataniya wa al qaoumiya* (Opinions et déclarations sur le patriotisme et le nationalisme). Le Caire, 1944.
3. Jacques Berque rappelle que, en 1953, Taha Hussein improvisa, lors d'un Congrès à Florence, une apologie de l'Islam et déclara : « Avec le Prophète commence notre histoire » (préface à HUSSEIN, Taha. *Au-delà du Nil*. Paris, Gallimard, 1977)

l'apologie des penseurs nationalistes arabes[1]. Enfin, après la révolution des Officiers libres et la prise du pouvoir par Nasser (1952-1970), l'Égypte allait s'arrimer fermement au monde arabe. Le Raïs égyptien développera alors sa théorie des trois cercles formant l'identité de son pays : le cercle arabe, le cercle africain et le cercle du monde islamique. La Constitution égyptienne adoptée par référendum en juin 1956 affirmera l'engagement suivant : « Nous, peuple d'Égypte, conscients de notre rôle en tant partie organique de la grande entité arabe ; conscients de nos responsabilités et de nos obligations dans la lutte commune arabe pour le bonheur et la gloire de la Nation arabe… ».

À vrai dire, l'idée arabe était souvent partagée par des partis patriotiques locaux, en particulier au Maghreb, comme c'était le cas de l'*Istiqlal* au Maroc ou le vieux Destour tunisien du cheikh Thâalbi. En revanche, l'arabisme était étranger aux idéologies des formations reposant exclusivement sur des critères ethniques ou confessionnels. Le cas le plus typique reste celui du mouvement libanais fondé, en 1936, par Pierre Gemayel : les *Kataëb* (les phalanges).

Dès les années 1910, des groupes de Libanais maronites émigrés, notamment au Caire ou aux Amériques, avaient constitué des cercles d'Alliance libanaise ou d'union libanaise dont certains membres préconisaient la constitution d'un État séparé au Mont Liban. Après la guerre mondiale, une partie des dirigeants de la communauté maronite avait plutôt bien accueilli la défaite des armées de Fayçal à Maysaloun et avaient pressé la France de constituer un petit Liban sur lequel ils espéraient bien exercer le pouvoir avec le soutien de Paris. Chassée de l'Anatolie au VIIe siècle par les Byzantins, la petite secte chrétienne fondée par un moine mort en 423, Saint Maroun, s'était réfugiée dans le Mont Liban. Ces maronites avaient été les seuls à favoriser l'entreprise des croisés à partir du XIe siècle alors que les autres communautés arabes chrétiennes avaient combattu l'envahisseur au côté des Arabes musulmans. Au XIXe siècle, les maronites se firent les instruments de la pénétration européenne en Syrie et ils se mirent au service de la France qui viendra les secourir lorsqu'ils entreront en conflit avec les druzes (1860). Appuyés par un clergé tout

---

1. Hussein, Taha. « *Al Oudaba houm bounat al qaoumiya al arabyia* » (Les intellectuels sont les bâtisseurs du nationalisme arabe) in *Al Adab*, Beyrouth, janvier 1958.

puissant et organisé en clans féodaux, des chefs de clans maronites se mirent à nier leur arabisme alors même que de nombreux intellectuels maronites avaient brillamment participé à la *Nahda* et au réveil arabe. Ils inventèrent une sorte d'idéologie phénicienne tout à la fois erronée car les Phéniciens étaient des Sémites d'où sont issus les Arabes et surprenante dans la mesure où les tribus maronites qui ne sont arrivées du fin fond de l'Anatolie au Liban qu'au VII$^e$ siècle – soit deux mille ans après les Phéniciens !- peuvent difficilement trouver des attaches avec les antiques Phéniciens dont la zone d'influence ne dépassa jamais la région d'Antioche. En tout cas, le mandat français allait consolider les structures communautaires et mettre la communauté maronite en situation de favorite.

C'est dans ce contexte qu'un chef féodal de la région de Bikfaya, Pierre Gemayel, pharmacien et responsable sportif, se rendit aux Jeux Olympiques de Berlin durant l'été 1936. Séduit par le national-socialisme, il revint à Berlin en novembre puis, à son retour, il créa un parti inspiré de l'exemple allemand : *Al Kataëb Al Lubnaniyya*, les Phalanges libanaises, dont l'objectif, soutenu par l'Allemagne, était l'indépendance du Liban sous la domination d'un État « maronite ». Alors que beaucoup de cercles intellectuels francophones en Égypte et au Levant étaient influencés par la pensée de Charles Maurras, il est remarquable qu'à l'inverse, certains milieux plus activistes subirent l'attraction des partis totalitaires de l'époque, le communisme, le fascisme ou le nazisme. Ainsi, à l'instar du parti national syrien ou des Frères musulmans, le mouvement de Gemayel adopta une structure inspirée de celles du parti national-socialiste et des partis fascistes européens. Le parti était fortement hiérarchisé et tirait toute son influence de sa branche paramilitaire. Il avait pour objectif de réunir, par l'intimidation s'il le faut, tous les maronites et il s'opposait à la réunification avec le reste de la nation arabe. Son idéologie, destinée à justifier un Liban sous domination maronite, resta donc des plus sommaires. Elle se fondait sur le refus de l'arabité et une prétendue spécificité libanaise qui serait des Phéniciens. Peu à peu, les *Kataëb*, qui étaient d'ailleurs loin de réunir tous les maronites, entreront en conflit avec les autres communautés libanaises, y compris avec d'autres chrétiens, les orthodoxes fidèles à Byzance et à l'église grecque, qui les accuseront de poursuivre un projet séparatiste en voulant constituer un petit État confessionnel.

Outre le mouvement sunnite anti-phalangiste et nationaliste arabe de la *Najjadah* de Mohi el Dîn Nasouli, le contempteur le plus constant et le plus acharné du maronitisme politique fut précisément l'orthodoxe Antoun Saadé, fondateur du Parti syrien national social. Ainsi se trouvait perpétué en plein vingtième siècle l'antique opposition entre Rome et Byzance.

## Le projet « Grand Syrien » d'Antoun Saadé

La Syrie a été le cœur du mouvement national arabe et durant longtemps ce mouvement s'appela aussi bien syrien qu'arabe. Après l'échec du royaume de Fayçal, la cause de l'arabisme persista sous le mandat français, mais la division avec le Liban créa une nouvelle donne favorisant des particularismes locaux dans les deux territoires. C'est dans ce contexte que sa place l'aventure d'un parti qui tenta de réunir une grande Syrie n'incluant pas seulement le Liban mais aussi toute une partie du Croissant fertile. Cette aventure fut l'œuvre d'un homme.

Antoun Saadé naquit le 1er mars 1904, dans le village de Choueir au Mont-Liban, au sein d'une famille grec-orthodoxe. Après la Première Guerre mondiale, le jeune Antoun rejoignit ses parents émigrés au Brésil. En 1924, il fonda son premier mouvement politique, une association secrète dont l'objectif était la libération de la Syrie et la dénonciation des traités d'après-guerre qui l'avaient morcelée. En juillet 1930, il s'installa à Damas où il exerça le métier de journaliste puis il enseigna à l'Université américaine de Beyrouth. Il recruta une poignée d'étudiants pour instituer, le 16 novembre 1932, le Parti syrien national qui devint ensuite le parti social nationaliste syrien (PSNS), également connu dans les milieux francophones sous le nom du Parti populaire syrien (PPS). Ce parti était une organisation clandestine se dissimulant sous le couvert d'une compagnie syrienne du commerce. Le principe de base de la charte du mouvement est qu'il existe une entité syrienne historique qui doit retrouver son unité. L'hostilité à la formation d'un État libanais détaché de la Syrie était clairement proclamée.

L'organisation était très hiérarchisée, le chef (*zaïm*) imposait une stricte discipline à un réseau très serré comprenant des branches au Liban et en Syrie. Son charisme étant indéniable et le dévouement des militants total, les effectifs augmentèrent sensiblement en quelques mois pour atteindre, en 1935 plus de sept mille membres recrutés dans tous les milieux confessionnels. Les maronites, tentés par le nouveau mouvement des Phalanges, et les musulmans sunnites, plus attachés au nationalisme arabe, étaient cependant moins nombreux que les orthodoxes et les autres minorités. Le succès remporté par le parti pansyrien inquiéta les autorités françaises et l'administration libanaise, d'autant plus que ses adversaires affirmaient qu'il avait été financé par l'Italie fasciste[1], mais d'autres évoquaient des accointances anglo-saxonnes, ce qui, dans le cas d'espèce, n'était pas contradictoire. Le 16 novembre 1935, Antoun Saadé fut arrêté et condamné à six mois d'emprisonnement pour « activités subversives ». Il profita de son incarcération pour fixer ses idées dans un ouvrage : *La genèse des nations* (*Nouchoû' al oummam*) qui parut en 1938.

Le parti dénonçait à la fois la présence française et la tentative de main mise sur l'administration libanaise par le maronitisme politique accusé de séparatisme. Lors de la révolte palestinienne (1936-1939), quelques centaines de militants se portèrent volontaires pour se battre aux côtés des Palestiniens contre les milices sionistes et l'armée britannique. Le Parti social nationaliste syrien national lança également une campagne pour l'union avec la Syrie et s'insurgea contre le traité franco-libanais, du 9 novembre 1936, visant à reconnaître le Liban et la Syrie comme des États indépendants et distincts dont l'admission à la Société des nations pourrait intervenir dans un délai de trois ans. Les conséquences ne se firent pas attendre, Saadé fut arrêté une fois de plus avant d'être relâché au début de 1937. Le parti était alors en lutte à la fois contre les autorités françaises auxquelles il reprochait de brader la région syrienne

---

1. Cette affirmation figure notamment dans le journal nationaliste arabe *Al Anbaa*, daté du 17 juin 1936.

d'Alexandrette à la Turquie[1] ; les communistes qui étaient liés au Front populaire en France et à Moscou, et ses adversaires de prédilection, les phalangistes. En mars 1937, les premiers affrontements sanglants eurent lieu entre les miliciens du PSNS et ceux des phalanges maronites dans le propre fief de Pierre Gemayel, à Bikfaya. Antoun Saadé déclara alors :

> « Si l'on veut absolument que le Liban constitue une entité, il faut au moins que cette entité soit commune à tous les Libanais et qu'elle ne soit pas accaparée par une secte dominante qui réduit le Liban à elle-même. Nous exigeons la fin des privilèges d'une seule secte confessionnelle et nous dénonçons l'arrogance du parti fasciste qui s'est proclamé son représentant ».

À la suite de cet événement, Saadé fut pourchassé. En 1939, le Parti fut interdit au Liban et en Syrie par les autorités françaises. Après la défaite de la France, des soulèvements eurent lieu au Liban et en Syrie, les militants du Parti social nationaliste syrien étaient au premier rang. Saadé, réfugié en Amérique latine, fut cette fois condamné à vingt ans de prison par contumace. En 1946, il rentra au Liban après le départ des Français mais il restait sous le coup d'un mandat d'arrêt de la justice libanaise et dut prendre le maquis durant plusieurs mois. En 1947, le PSNS ayant été admis à reprendre ses activités, il réapparut pour dénoncer le plan de partage de la Palestine et la dégradation des liens entre le Liban et la Syrie. En 1948, de très nombreux volontaires du parti s'engagèrent pour combattre sur le front de Palestine. Sur le plan libanais, Saadé profita des élections législatives pour lancer un appel aux Libanais afin que fut mis un terme au confessionnalisme et exiger un État laïc, pluraliste, social et démocratique conscient de sa solidarité naturelle avec la Syrie et la Palestine. Il dénonça aussi l'aide apportée par l'Occident à l'État d'Israël et accusa ouvertement les *Kataëb* d'être les agents des puissances occidentales. L'influence du PSNS devint alors plus importante, y compris en Syrie où il gagna des partisans dans l'armée mais leur rôle était restreint en raison de l'influence grandissante du mouvement nationaliste arabe

---

1. En 1937, la France, puissance mandataire, avait séparé le sandjak d'Alexandrette du reste de la Syrie et, en 1939, pour inciter le gouvernement d'Ankara à ne pas succomber aux avances de l'Allemagne, Paris cédait, en toute illégalité, cette région indubitablement arabe et syrienne, à la Turquie.

incarné par le Baas. Bien entendu, cette montée en puissance du parti de Saadé au Liban ne faisait pas l'affaire de ses ennemis. Le Premier ministre Riad el Solh et les Phalangistes décident d'unir leurs efforts pour y mettre un terme. Des centaines d'arrestations eurent lieu parmi les militants et dirigeants du PSNS tandis que Saadé échappait à plusieurs attentats.

C'est dans ce contexte qu'en juin 1949, un nouvel affrontement opposa le PSNS aux *Kataëb*. Convaincu qu'on voulait son élimination et que les phalangistes avaient partie liée avec le gouvernement, Antoun Saadé tenta de déclencher une insurrection. Le piège se referma sur lui : le parti fut promptement interdit, plus de trois mille militants furent arrêtés. Saadé dut se réfugier à Damas avant d'être livré début juillet 1949 au régime libanais par le colonel el Zaïm qui avait accepté un marchandage afin d'éviter un alignement de Beyrouth sur ses ennemis hachémites d'Amman et de Bagdad[1]. En quarante-huit heures, le chef du PSNS fut sommairement jugé pour complot contre la sécurité de l'État, sans que son avocat Emile Lahoud ait eu accès au dossier, et il fut exécuté, le 8 juillet. Ghassan Tueni pouvait noter dans le quotidien *Al Nahar* que ses bourreaux « avaient réussi à faire de lui un martyr[2] ». Quelques semaines plus tard, les adhérents du PSNS participaient d'une façon décisive au coup d'État au cours duquel le colonel el Zaïm fut exécuté à Damas, en août 1949. Lors des élections de novembre 1949, le parti envoya une dizaine de députés à l'assemblée nationale syrienne puis il fut interdit en Syrie lorsque le Baas prit une influence décisive à la fin des années cinquante. Il ne sera de nouveau toléré qu'après le coup d'État de 1970 d'Hafez el Assad et d'un clan alaouite[3] qui allaient bafouer tous les idéaux du Baas et infléchir la politique syrienne vers un particularisme opportuniste et sans scrupule[4]. Dès lors, le parti syrien national social devint progressivement un pion du jeu du régime syrien. Au Liban, tantôt pourchassé,

---

1. BESHARA, Adel. *Syrian Nationalism. An Inquiry into the Political thought of Antun Sa'ade*. Beyrouth, Bissan, 1995.
2. *Al Nahar*, 9 juillet 1940.
3. Les alaouites (*alawīy*) – également appelés nosaïris – sont une secte religieuse, à la marge de l'Islam, composant environ 8 % de la population de la Syrie. Il s'agit d'une sous-secte chiite particulièrement fanatique d'origine perse, de la fin du XI$^e$ siècle, dont les adeptes étaient enivrés de haschich, d'où leur nom d'*haschischins* ou assassins. Au XII$^e$ siècle, la secte s'implanta à l'ouest de la Syrie, dans le djebel Ansariyya. Bien entendu, la secte ne doit pas être confondue avec la dynastie alaouite (du calife Ali) régnant au Maroc.
4. Cf. notre ouvrage *Les mystères syriens*, précité.

tantôt autorisé, le Parti syrien allait connaître une existence chaotique. Interdit à la suite d'une tentative de coup d'État en 1961, il regagnera le devant de la scène après le déclenchement de la guerre civile de 1975, devenant alors l'une des composantes du Mouvement national libanais[1]. Au fil des événements et des évolutions, gagné par la corruption à l'instar de la plupart des partis libanais, il finira par s'aligner sur le régime syrien et sur le hezbollah pro-iranien, perdant peu à peu toute sa crédibilité.

Dans *La genèse des nations*, Antoun Saadé a tenté de préciser une doctrine sommaire posant le principe que la géopolitique est le facteur déterminant de l'identité des nations. La cohésion politique des groupes humains proviendrait de la géographie et le caractère des sociétés serait fixé par le domaine physique. Adhérant à l'idée de Renan selon laquelle « une nation résulte du mariage d'un groupe d'hommes et d'une terre », il néglige des facteurs comme la langue, la culture, l'histoire et la religion. La nation aurait pour seule vocation d'intégrer des ethnies différentes qui s'y sont successivement installées, d'assurer la cohésion du groupe sur un territoire. Cette théorie fait preuve d'un déterminisme géographique la conduisant à affirmer que les peuples ne sont façonnés que par le milieu géographique. Dès lors, elle soutient qu'il a une identité syrienne propre qui serait le fruit de la puissance unificatrice du Croissant fertile et se manifesterait dans une originalité socio-culturelle que le fondateur du Parti syrien national social n'hésitait pas à faire remonter aux Assyriens, aux Babyloniens, aux Phéniciens et aux Chaldéens. Il alléguait aussi qu'il existerait un tempérament syrien très différent de « l'esprit oriental ». Ce serait un tempérament faustien « tourné vers l'avenir, regardant le cosmos dans le dessein de le connaître et de le dominer par la raison » et opposé à une sensibilité orientale qui s'abîmerait dans le mysticisme.

La définition faite par Saadé de la nation syrienne est celle du Croissant fertile sans l'Égypte : de la Méditerranée à l'Euphrate, d'Antioche au canal de Suez. C'est-à-dire qu'elle comprend, outre la petite Syrie (Cham), réduite par les traités d'après 1918, les territoires du Liban, de la Palestine, de la Jordanie. Plus tard, sera inclus tout l'Irak jusqu'aux confins avec la Perse. Plus curieusement, Saadé incorporera également l'île de Chypre.

---

1. Coalition alliée à l'OLP regroupant, sous la présidence de Kamal Joumblatt, divers partis et organisations : Parti socialiste progressiste, Baas historique (dit irakien), PSNS, nassériens (*Mourabitoune*), communistes, etc.

À partir de cette définition géographique, il bâtit un projet politique que, dans ses *Commentaires sur la doctrine du nationalisme syrien* qui ne seront publiés qu'en 1950, il résumera en huit points :

1. la Syrie appartient aux Syriens ;
2. la question syrienne est une question nationale indépendante de tout autre ;
3. la question syrienne est celle de l'avenir de la nation syrienne ;
4. elle est celle de l'unité du peuple syrien qui existe depuis l'antiquité ;
5. la patrie syrienne est définie par le milieu géographique dans lequel la nation syrienne s'est développée : elle inclut la Grande Syrie (Syrie-Cham, Liban, Palestine) la Mésopotamie et le Sinaï, c'est-à-dire le Croissant fertile et son étoile, Chypre ;
6. la nation syrienne forme une société indivisible. C'est « une nation terminale » ;
7. la renaissance syrienne tirera son énergie du talent de la nation et de son histoire politique et culturelle ;
8. l'intérêt général de la Syrie prime sur tout autre.

Saadé posera également les grandes lignes de l'État nationaliste :
– la séparation de la religion de l'État ;
– l'interdiction faite aux religieux d'intervenir dans les affaires de l'État et de la patrie ;
– l'abolition totale de tous les clivages confessionnels ;
– la disparition du féodalisme, du tribalisme, du clanisme et l'organisation d'un socialisme national ;
– la constitution d'une forte armée nationale et moderne.

Dans la pensée de Saadé, le nationalisme est la réponse « au plus grand mal de ce siècle : l'internationalisme », lequel est non seulement incarné par le marxisme et le capitalisme, mais encore, et cela constitue une analyse assez novatrice au Proche-Orient, par les religions qui divisent à l'intérieur et préconisent le dépassement des cadres nationaux naturels (panislamisme) à l'extérieur. Ce refus absolu du religieux, sans doute motivé par son appartenance à un christianisme minoritaire mais aussi son adhésion à la franc-maçonnerie dont son père a été un pionnier au Levant, est au centre de son engagement et cela l'apparente à Atatürk. Pour le reste, il est le théoricien d'un nationalisme progressiste et social qui est, d'une manière assez classique, résolument anticommuniste et hostile à l'idéologie de la lutte des classes, et en même temps opposé au « capitalisme cosmopolite », celui des « privilèges et des exploiteurs ». S'il évoque une « troisième voie », il ne prend pas vraiment la peine d'en propose une définition précise.

Bien entendu, l'originalité fondamentale de la pensée de Saadé est la nouvelle donne qu'il introduisit dans le débat traditionnel opposant le nationalisme arabe, les patriotismes locaux et l'idéologie intégriste et panislamique. L'idéologie du parti syrien national social n'est pas exactement semblable à celles des partis régionalo-particularistes (Kataëb et autres) dont il est d'ailleurs un adversaire résolu. Elle vise au dépassement des particularismes syrien, libanais, palestinien ou irakien et des entités étatiques formées dans ces territoires après la Première Guerre mondiale. À la différence des mouvements locaux, elle préconise donc un rassemblement mais elle limitera ce rassemblement à ce que Saadé considérait comme les « nations terminales ». Pour Saadé, la Syrie est une nation terminale, en revanche l'ensemble arabe ne l'est pas car il représente de fortes disparités géographiques et identitaires. Il ne nie pas pour autant le principe de l'arabité dont il finira par admettre le bien-fondé tout en précisant qu'elle ne pouvait se traduire en terme politique. Selon lui, l'arabisme serait donc avant tout une langue et des coutumes communes :

> « Lorsque nous parlons du monde arabe, nous entendons le monde qui parle la langue arabe et dont nous sommes ».

Selon Saadé, la grande Syrie fait partie de ce monde mais l'hétérogénéité et les divisions des Arabes feraient en sorte que le nationalisme arabe serait illusoire tant que toutes nations géographiques de l'ensemble arabe n'auront pas atteint leur stade terminal. Celles-ci seraient au nombre de quatre : la Syrie, le groupe nilotique (Égypte et Soudan), la péninsule Arabe et le Maghreb. De fait, cette analyse allait dans le sens d'une certaine acceptation du nationalisme arabe. C'est ce que relèvera Sâti al

Housri qui, après avoir rencontré Antoun Saadé à Beyrouth au début de l'année 1948, écrivait dans ses *Mémoires*, que le fondateur du PSNS finirait par rejoindre le nationalisme arabe. L'exécution à quarante-cinq ans du chef du PSNS n'a pas permis que cette évolution, d'ailleurs toute hypothétique, fût menée à son terme. Pourtant lors du congrès du parti, en décembre 1969 à Melkart, la résolution suivante fut adoptée :

> « Nous croyons au monde arabe, nous considérons que notre nation est arabe et que son arabisme n'est point contestable. La réalisation de l'unité complète des quatre cercles de la nation arabe est un objectif suprême ».

On peut se demander quelle aurait été l'évolution exacte de Saadé. Après une courte vie tourmentée par les luttes, la prison, la clandestinité et l'engagement au jour le jour, son œuvre paraît incomplète. Outre son sectarisme – et surtout celui de ses partisans –, il est notable que sa pensée manque de structure et de réflexion en profondeur. Elle est souvent schématique, approximative, pas assez étayée et fort loin d'atteindre la parfaite rigueur d'un Aflak ou même d'un Housri. Sa conception de la nation est trop systématiquement fondée sur le seul cadre géographique et ignore d'autres aspects importants. L'assimilation de l'arabisme et du panislamisme est erronée et l'aversion non dissimulée à l'encontre de la religion n'est guère réaliste dans le contexte local. Cependant, certaines conceptions de Saadé ne sont pas sans intérêt. La principale reste la thèse des quatre cercles, le Croissant fertile, la péninsule Arabe, les pays nilotiques et le Maghreb, ainsi que l'idée d'un rapprochement par étapes entre ces cercles.

## Les Frères musulmans ou l'instrumentalisation de l'Islam

À l'opposé des formations sous-nationalistes ou particularistes, un important courant, dépassant le cadre du nationalisme arabe, se développa en Égypte à la fin des années 1920.

Jusqu'alors un certain nombre de penseurs religieux musulmans de premier plan avaient préconisé une réforme religieuse qui n'était en rien incompatible avec le nationalisme arabe. Bien au contraire, dans l'esprit de beaucoup de ces penseurs, notamment Kawakibi ou Rachid Rida, les deux objectifs étaient complémentaires. À la fin des années 1920, les déboires subis par les nationalistes arabes après la guerre mondiale et le jeu des puissances européennes constituèrent le terreau d'une propagande politique utilisant le levier de la religion, qui trouva son inspirateur et son organisateur en la personne d'Hassan el Banna. Né dans un milieu modeste, en 1906, à Mamoudia près d'Alexandrie d'Égypte, Banna n'était pas un expert en religion mais un simple instituteur de l'école publique, diplômé de l'École normale de Dar al Ouloum créée pour promouvoir l'enseignement moderne et former des professeurs de langue arabe. Affecté à l'école primaire de Damnhour, il se fixa pour mission de faire renaître le sentiment religieux dans les milieux populaires et mener une action politique au nom du lien indissociable entre le spirituel et le temporel.

Hassan el Banna n'était pas un universitaire ou un ouléma d'al Azhar. Il était loin d'avoir la science et l'érudition d'un Mohammed Abdou ou d'un Rachid Rida. S'il lisait le *Manar*, comme la plupart des Égyptiens instruits de cette époque, il était plutôt proche du groupe des Jeunesses musulmanes et de la revue *al Fath* à laquelle il collabora épisodiquement. Une autre différence avec les grands oulémas réformistes est que ceux-ci ne prétendirent jamais jouer un rôle politique actif ou prendre le pouvoir pour eux-mêmes – ce qui aurait été contraire à la tradition islamique de séparation du rôle des oulémas du champ politique. Chez Banna, il est notable que l'action et la structuration d'un parti est plus importante qu'une réflexion doctrinale poussée.

En 1928, avec six compagnons, il créa à Ismaïlia, la cité administrative du canal de Suez, une petite association qu'il nomma *Al Ikhwan al muslimun* (les Frères musulmans)[1], dont il se proclama le guide suprême. Le choix de la cité ouvrière d'Ismaïlia où le mécontentement social contre les patrons occidentaux était important, est très significatif

---

1. Carré Olivier, Michaud Gérard. *Les frères musulmans*. Paris, Julliard-Gallimard, 1983. Cet ouvrage est l'un des plus objectifs sur cette association si controversée qui a suscité davantage de pamphlets polémiques ou apologétiques que d'analyses scientifiques. Gérard Michaud est le pseudonyme du chercheur Michel Seurat, enlevé et assassiné au Liban en 1986.

de la démarche d'un parti qui, à bien des égards, s'apparentera aux communistes et aux autres partis totalitaires des années 1930. En vérité, la naissance de l'organisation passa pratiquement inaperçue jusqu'à ce que le quotidien *al Ahram* lui consacrât un article. Il n'en faudra pas plus pour que les adversaires d'al Banna l'accusent plus tard d'avoir été encouragé par le gouvernement du Caire et les Britanniques. Il est vrai que les adversaires désignés par les Frères étaient le Wafd, d'une part, et les nationalistes arabes, d'autre part. D'une certaine façon l'action de la confrérie allait donc dans le sens des intérêts de Londres mais aussi ceux du roi Farouk qui jouait un triple jeu. Mohammed Hassanein Heikal a avancé que « l'idée d'encourager les Frères musulmans contre le Wafd » qui militait pour le départ des Britanniques « n'était pas étrangère » à la politique de Londres[1]. En vérité, rien ne fut entrepris par les puissants services britanniques pour contrecarrer son action.

Toujours est-il que Banna était un orateur éloquent, un homme d'action, un organisateur. Le jeune instituteur commença à parcourir le pays, à prêcher, à recruter des partisans et à créer des réseaux. En 1930, lors de son premier congrès, l'association ne comptait que quelques centaines d'adhérents, provenant principalement des classes inférieures, mais, profitant du charisme de son fondateur et travaillant auprès des masses les plus crédules et les moins instruites, la confrérie prit peu à peu de l'ampleur. Des maisons du Message furent installées dans les quartiers prolétaires des villes et dans les villages, les prédicateurs parcoururent le pays, un journal fut fondé au Caire. Le nombre des adhérents s'élevait à plus de cent mille lors du début de la seconde Guerre mondiale. À la mort d'al Banna, en 1949, la confrérie rassemblera plusieurs centaines de milliers de frères. Son influence allait même dépasser le cadre de la seule Égypte pour gagner de nombreux pays musulmans : au Soudan, au Maghreb (surtout en Algérie), en Palestine (Association des Frères musulmans de Palestine d'Abou Qoüra), en Jordanie, au Yémen, en Syrie où l'ascendance des Frères musulmans fut favorisée par d'anciens étudiants syriens du Caire qui avaient mis sur pied les Jeunesses de Mohammed sous la direction de Mustapha al Sibaï.

---

1. Article de Heikal dans le journal *al Destour*, Amman, le 17 février 1993 cité in Al Shalabi, Jamal, *Mohammed H. Heikal entre le socialisme de Nasser et l'infitah de Sadate*. Paris, l'Harmattan, 2001.

Où faut-il chercher les raisons du succès de cette association ? Une première remarque s'impose : le mouvement des Frères musulmans est loin d'être le continuateur du réformisme inspiré par d'illustres intellectuels comme Mohammed Abdou, Rachid Rida, Abdel Rahman Kawakibi ou Chékib Arslan. La différence est de taille aussi bien pour la qualité et l'originalité de la pensée que pour les objectifs. Alors que le réformisme a toujours adopté une attitude novatrice, par exemple pour l'enseignement ou pour la condition féminine, la doctrine des Frères était sommaire et sans relief. En somme, c'est l'action qui primait. De tout temps, le parti s'adressa moins aux intelligences qu'aux sentiments des foules. Ce fut d'abord un activisme politique, avec une bonne dose de démagogie. À la réforme par le haut, grâce à la formation des esprits, préconisée par Mohammed Abdou et Rachid Rida, Hassan al Banna substitua la mobilisation autour de slogans souvent simplistes, qui, faute de la formation nécessaire, pouvaient conduire à des simplifications dangereuses, voire excessives. La politisation du mouvement conduisit donc à la construction d'une idéologie sociopolitique marquée par son caractère sommaire et visant essentiellement à répondre aux besoins et à l'efficacité de la propagande. Cette idéologie consista à instrumentaliser une certaine conception de la religion et, pratiquement, prendre l'Islam en otage pour donner le sentiment que seule la confrérie était habilitée à parler en son nom, voire au nom de Dieu ! Dès lors, le programme était rudimentaire :

« À nous l'action, à Dieu le succès. Faisons un serment d'obéissance au Tout Puissant, nous serons les soldats du Message de l'Islam, les Frères au service de l'Islam. Nous sommes les Frères musulmans ».

Alors que le réformisme de la *Salafiya* fut avant tout un projet de renouveau civilisationnel, portant une vision humanise et progressiste, la tactique des Frères consista à faire montre d'un grand pragmatisme afin de rallier le plus d'adhérents possible. Il s'agissait de coller à certaines réalités sociales et d'exploiter les mécontentements légitimes. Pour cela, il n'était pas question de se livrer à des arguties théologiques compliquées, mais, au contraire, de délivrer des mots d'ordre simples, souvent simplistes, en ne cessant de répéter que le Coran a réponse à tous les problèmes selon la devise : « Allah est notre idéal, le Prophète est notre chef, le Coran est notre Constitution ».

Volontiers démagogues, les Frères musulmans ont eu recours à quelques slogans sur la justice sociale islamique et proposé des solutions radicales en promettant des réformes consistant à « distribuer aux pauvres les biens du gouvernement et des riches » ou à « augmenter les impôts des riches pour consacrer l'argent aux dépenses sociales sous forme de la zakat ». L'accent a été mis sur les problèmes sociaux, les soucis matériels quotidiens des petites gens, les revendications de la moyenne bourgeoisie citadine, le mauvais fonctionnement d'un système politique favorisant la corruption et la domination des grands féodaux, notamment dans les campagnes. Ces critiques, dont beaucoup étaient fondées, permirent de rallier de nombreux Égyptiens des classes défavorisées ou moyennes, d'attirer à la confrérie la sympathie de ceux qui voulaient, légitimement, plus de justice sociale. Il est possible d'affirmer que des classes ou secteurs importants de la population furent gagnés « moins par l'attrait de la piété que par un idéal d'organisation politique et sociale[1] » qui semblait répondre à leurs besoins immédiats. Ainsi, par son organisation interne, ses modes d'action, ses méthodes de recrutement, les appartenances de classe de ses membres, un certain anti-élitisme ; par une habile exploitation des circonstances économiques et politiques ; par la mise en place de campagnes pro-palestiniennes au milieu des années 1930 ; par, un certain populisme mais aussi, il faut le souligner, la mise en place de services socio-caritatifs se substituant aux carences de l'État, la confrérie attira des adhérents venus de larges couches sociales qui n'avaient pas été intégrées à la vie moderne.

La constatation qui s'impose est que les Frères musulmans n'ont rien apporté de neuf sur le plan religieux et doctrinal, leur pensée n'est ni riche, ni originale. Si la doctrine exposée par Hassan al Banna est globalement dans la ligne de l'orthodoxie musulmane, s'en tenant aux principes communément admis, la différence la plus considérable est qu'il a choisi de mettre nettement l'accent sur l'action politique. De fait, l'association

---

1. BERTIER, Francis. « L'idéologie politique des Frères musulmans » in *Orient*, n° 8, 4ᵉ trimestre 1958, p. 43-57.

fit vite figure de parti politique bien plus que de communauté religieuse. Le but recherché était – et reste le pouvoir, ce qui conduira le mouvement à adopter un incontestable pragmatisme, le mouvement n'hésitant pas à se rapprocher du roi Farouk contre le Wafd, puis à rechercher le contact avec l'Allemagne nazie durant la Seconde Guerre mondiale[1]. Cette évolution partisane avait d'ailleurs été contestée, dès 1932, par certains Frères « apolitiques » qui quittèrent le mouvement. Il est notable que de nombreux oulémas traditionnistes ont déploré cette politisation pouvant conduire à une attitude sectaire.

Pour tout dire, la confrérie présentait toutes les caractéristiques d'un parti visant à créer un État qu'elle dominerait. Ce parti avait un slogan mobilisateur, un mythe au sens sorélien du terme : l'Islam, ou plutôt l'idée que se font de l'Islam les dirigeants dudit parti. Le parti avait aussi son service d'ordre, une milice, créée vers 1938, qui était une organisation secrète armée et entraînée à l'action violente, les « Branches spéciales », et des sections activistes rassemblées sous le nom de « Jeunesses de Mohammed ». Certes, Banna précisait que cette force n'avait d'autre but que d'être utilisée comme ultime recours. Pourtant, il n'excluait pas le recours à la force « s'il n'y a pas d'autre moyen ». Pour lui, « la force est le meilleur garant du droit ». Après la Seconde Guerre mondiale, le recours à la violence, l'assassinat politique et le terrorisme deviendront plus systématique. Hassan el Banna sera d'ailleurs assassiné par un policier, le 12 février 1949, à la suite de meurtres commis par ses militants, notamment, en décembre 1948, celui du président du Conseil Nokrachi pacha qui avait interdit l'association.

La personne d'al Banna n'est pas en cause, mais bien le fonctionnement de la machine qu'il a lancée. Parti politique du petit peuple citadin réunissant des militants souvent enflammés, la confrérie n'échappa pas au sort de tous les partis qui, selon Simone Weil, reposent sur la mobilisation des émotions et des impulsions et, loin de disposer d'une doctrine, ils fonctionnent sur la base de la discipline et leur seul mobile réside dans leur propre développement. Pour la grande philosophe :

---
1. On sait que le lien avec les Allemands était Anouar el Sadate.

« Un parti politique est une machine à fabriquer de la passion collective. Un parti politique est une organisation construite de manière à exercer une pression collective sur la pensée de chacun des êtres qui en sont membres. La première fin, et, en dernière analyse, l'unique fin de tout parti politique est sa propre croissance, et cela sans aucune limite[1] ».

C'est exactement ce qui arriva, au fil des ans, aux Frères musulmans qui, en fin de compte, subirent une dérive sectaire et, pour certains, violente, par exemple au Yémen où l'Imam Yahya, fut assassiné le 17 février 1948 par un activiste de la confrérie, un Algérien nommé Foudel el-Ourtilani (ou Fudhayl el-Wartilani) qui était l'agent de liaison entre les « Yéménites libres » et les Frères Musulmans[2].

Recettes simplistes, rêve d'une sorte de nation islamique soumise à un État partisan, interprétations erronées et détournées de l'Islam, appel à la violence et fanatisation des plus crédules, ainsi étaient réunis tous les ingrédients de ce qui deviendra l'intégrisme sous l'impulsion de penseurs plus extrémistes et moins orthodoxes que Banna. Le plus célèbre est Sayyid Qutb (m. 1966) théoricien radical d'une idéologie révolutionnaire influencée par l'idéologie marxiste de la lutte des classes et habillée aux couleurs de l'Islam. Avec Qutb, on peut parler de dérive vers une déviation systématique au terme d'une réinterprétation partisane et idéologique de l'Islam. Ses ouvrages, *Jalons de route* (*Ma'alim fi at-tariq*, 1964) ou le petit livre posthume *Pourquoi m'ont-ils assassiné ?* (*Li-madha 'adamouni ?*) ont influencé toutes sortes d'extrémistes, à commencer par Khomeiny qui lui vouait un culte tel que l'Iran a imprimé un timbre à sa mémoire. Parmi les principaux idéologues du néo-qutbisme activiste, on comptera Saleh Sirriya, fondateur de *Tanzim al fanniya al askariya* (l'Organisation militaire technique) exécuté en 1974 en Égypte, Moustapha Choucri, fondateur de *Takfir wa al Hijra* (excommunication et hégire), exécuté en 1978, et Abdel Salam Faraj, exécuté en 1982 pour son rôle de coordinateur dans l'assassinat d'Anouar el Sadate, lequel est considéré comme le théoricien

---

1. Weil, Simone. *Note sur la suppression générale des partis politiques*. Paris, Climats/Flammarion, 2006.
2. Al-Ahnaf, Mohamed. « Al-Fudhayl al-Wartilani, un Algérien au Yémen. Le rôle des Frères Musulmans dans la Révolution de 1948 » in *Chroniques yéménites* [En ligne http://cy.revues.org/44], n° 7, 1999.

du recours à l'action directe et l'un des pères du terrorisme que l'on qualifiera d'islamiste. Ces idéologues fanatiques ont été la matrice du courant déviationniste de type kharidjite[1] où l'on retrouvera un Abdallah Azzam (m. 1989), le maître à penser d'Oussama ben Laden (2001), et le principal idéologue du mouvement al Qaïda, Ayman el Zawahiri (ou Zaouahiri), un médecin égyptien qui a été membre du groupe *Jama'a al Jihad* d'Abdel Salam Faraj[2].

Un autre point de divergence essentielle entre les Frères et les réformistes musulmans réside dans le fait que les principaux intellectuels du réformisme islamique ont appuyé et même, pour certains, participé activement au mouvement national arabe. En revanche, les Frères musulmans ont généralement été hostiles à ce mouvement, en particulier en Égypte contre le nassérisme. Pour Hassan el Banna et ses successeurs, l'Islam ne connaît pas de frontière géographique. Ils considèrent que tous les musulmans forment une unique nation, professant une sorte de panislamisme utopique en contradiction avec les idées d'un nationalisme arabe qui, par surcroît, a toujours opté résolument pour des idées de progrès et de développement social, culturel et éducatif. À vrai dire, à l'exception de la question palestinienne – probablement en raison de l'émotion qu'elle a suscité dans les masses arabes – la confrérie ne sera pratiquement jamais en phase avec les aspirations nationales arabes. Bien au contraire, on la verra, par exemple, soutenir le projet anglo-saxon du pacte de Bagdad[3], en 1955, et condamner l'opposition radicale des nationalistes arabes à cette manœuvre des puissances hégémoniques visant à organiser le Proche-Orient à leur profit.

Le différend était donc profond entre le nationalisme progressiste et une idéologie refusant d'accorder la moindre place, d'une part, à l'idée de nation (*watan*), laquelle diviserait la communauté des croyants (*Oumma*), et,

---

1. Le kharidjisme est une secte déviante de l'Islam dont les adeptes ont assassiné, en 661, le quatrième Calife Bien Guidé, Ali Ibn Abi Taleb. Cette secte s'est illustrée par son fanatisme et le recours au terrorisme.
2. Sur Qutb et le courant extrémiste voir notre ouvrage *Islam : l'avenir de la Tradition entre révolution et occidentalisation*, Paris-Monaco, Le Rocher, 2008.
3. Le Traité d'organisation du Moyen-Orient, qui comportait surtout un volet militaire, plus connu sous le nom de pacte de Bagdad, avait été signé, en février 1955, par le Royaume-Uni, l'Irak, la Turquie, le Pakistan et l'Iran, puis les États-Unis. Il suscita de grandes manifestations de rejet dans tout le monde arabe et contribua à la chute du régime irakien pro-britannique en juillet 1958.

d'autre part, à la modernisation, abusivement assimilée à l'occidentalisation. Pour leur part, les nationalistes arabes ont constamment accusé l'organisation – puis, généralement, les groupes islamistes extrémistes – d'avoir reçu l'appui des anglo-saxons et d'avoir dévoyé l'Islam. Si l'on retrouve les Frères musulmans engagés dans certains combats des nationalistes, il convient de noter que la nature de la lutte ne sera jamais la même. Les Frères dénoncent l'occupation occidentale pour « chasser les athées » et non pour libérer la nation. De même dans l'affaire de Palestine, leur engagement revêt un caractère mystique et exprime un rejet religieux, voire anti-juif, qui, s'il répond à un réel extrémisme sioniste, est bien différent de la résistance politique exprimée par les nationalistes arabes lesquels excluent toute propagande raciale ou confessionnelle.

Avec les patriotismes locaux – que les nationalistes arabes appelèrent régionalistes – et les groupes exprimant un repli sectaire, ethnique ou confessionnel ou encore les mouvements inspirés du communisme marxiste, la confrérie des Frères musulmans s'est bien inscrite dans le foisonnement de nouvelles idéologies totalitaires qui se propagèrent vers la fin de l'entre-deux-guerres. Face à ces courants dont aucun ne correspondait aux aspirations globales du peuple arabe et aux défis que la nation arabe devait surmonter, le nationalisme arabe allait se structurer sur le plan doctrinal.

# 5

# MICHEL AFLAK, LE PHILOSOPHE DU NATIONALISME ARABE

Durant les années trente et le début des années quarante, le nationalisme arabe releva le défi lancé par les nouvelles idéologies, en particulier les courants régionalistes et panislamiques. À la suite des grands pionniers que restent Kawakibi, Arslan et quelques autres, il allait finalement trouver une vigueur considérable sur le plan doctrinal grâce à des penseurs au premier rang desquels il faut citer Sati el Housri et Michel Aflak.

## Sati al Housri ou l'ébauche d'une doctrine

Les années 1930 furent marquées par la propagation des idées nationalistes arabes. Celle-ci résulta d'une part des grands congrès généraux de Jérusalem et de Bloudane, mais aussi de la constitution de cercles militants et de la réflexion de nombreux intellectuels.

En Syrie, la Ligue d'action nationale militait pour l'indépendance du pays, l'unité arabe et la réforme sociale. Dans sa *Constitution nationale des Arabes* (*Destour al-Arab al-Qawmi)*, publié en 1941, le cheikh libanais Abdallah al Alayili accordait une place prépondérante à la langue arabe comme fondement du nationalisme et plaidait pour un nationalisme arabe moderne où la religion n'aurait qu'un aspect culturel. Cette théorie se retrouva également chez une autre figure importante du nationalisme arabe, Amine al Rihani (m. 1940). L'Irakien Sami Chaouket, animateur du cercle nationaliste de Bagdad *al Mouthanna*, insistait dans *Tels sont nos objectifs*, publié en 1939, sur la nécessité de créer un État nationaliste centralisateur et autoritaire qui serait également un pilier de l'unité arabe[1]. Un autre Irakien, Abdel Rahman el Bazzaz (m. 1973), doyen de la Faculté de droit de Bagdad et membres de la *Mouthanna*[2], défendait également l'idée nationale arabe, incarnée par la langue arabe qui est la langue de tous les Arabes et l'Islam qui serait la religion des Arabes[3]. Le Syrien chrétien Edmond Rabbat (m. 1991), estimait dans *Unité syrienne et devenir arabe*, paru en 1937, qu'il n'y a pas de nation syrienne mais une nation arabe, comprenant tout le Croissant fertile et la péninsule Arabe, fondée sur l'origine, la langue et la religion car l'Islam est « une religion d'essence nationale[4] » arabe. Rabbat présente la particularité d'être l'un des derniers théoriciens du nationalisme arabe à écrire en français et à se référer à la pensée française. Un autre chrétien Constantin Zourayq, professeur à l'Université américaine de Beyrouth comme Antoun Saadé, se fit connaître en 1938, par la publication de *l'Éveil arabe*. Après la Seconde Guerre mondiale et le désastre de Palestine, Zourayq donnera une nouvelle dimension au nationalisme dans son célèbre ouvrage *Les leçons du désastre* où il préconisait que le temps de l'action était venu. En effet, selon lui la défaite de Palestine fut la conséquence de la désunion et elle préfigura la catastrophe générale qui attendrait toute la nation arabe si elle ne se réunifiait pas. Il affirmait que la cause palestinienne est l'affaire de tous les Arabes et leur cause primordiale. Ses disciples de l'Université américaine de Beyrouth accordèrent effectivement la première place à la Palestine lorsqu'ils créèrent, en 1948, le Mouvement des nationalistes arabes (MNA) où l'on retrouvera des militants libanais (Mohsen Ibrahim, Nabih Amin Farès…) et des Palestiniens dont deux au moins devinrent célèbres : Georges Habache et Nayef Hawatmeh[5].

---

1. CHAOUKET (ou Shawkat), Sami. *Hadhihi ah-dafuna* (Tels sont nos buts). Bagdad, 1939.
2. Bazzaz exercera également la fonction de Premier ministre sous le régime nassérien des frères Aref en 1966.
3. BAZZAZ, Abd el Rahman. *Al islam wa al Qaoumiya al Arabiya* (L'Islam et le nationalisme arabe). Bagdad, 1952.
4. RABBATH, Edmond. *Unité syrienne et devenir arabe*. Paris, Marcel Rivière et Cie, 1937.
5. Plus activiste que doctrinal, le Mouvement des nationalistes arabes dont l'audience ne dépassera guère le cadre libano-palestinien, finira par se diluer dans le nassérisme après 1956. À la suite de la guerre israélo-arabe de 1967, Georges Habache décidera de transformer le MNA en Front populaire pour la libération de la Palestine (FPLP). Pour sa part, Nayef Hawatmeh, gagné au marxisme, fera scission du FPLP en 1969 pour fonder le Front démocratique de libération de la Palestine (FDLP).

Parmi les penseurs du nationalisme arabe pré-baassiste, une place particulière revient à celui qui allait donner l'élan à une réflexion doctrinale en profondeur. Né à Sanaa, au Yémen, en 1880 au sein d'une famille syrienne originaire d'Alep, Sati el Housri faisait partie de cette élite arabe qui occupa de hautes fonctions civiles ou militaires dans l'administration ottomane. Enseignant puis sous-préfet en Macédoine, de 1900 à 1908, il fut ensuite nommé professeur à Istanbul où il fonda le journal scientifique *Envar i Ouloum* et publia de nombreux ouvrages pédagogiques en turc. Après la révolution des Jeunes Turcs, il assista à la fin d'un monde : la déchéance de l'Empire ottoman, la naissance de nouvelles idéologies, comme le touranisme de Ziya Gökalp, la formation de cercles arabistes. Il effectua de nombreux voyages en Europe, en particulier en France dont il parlait parfaitement la langue. Déçu par le chauvinisme des Jeunes Turcs, acquis aux idées laïques et ouvert à la pensée européenne, il rêvait tout de même d'un empire renouvelé et occidentalisé qui ferait une large place à toutes les nationalités. Paradoxalement, celui qui deviendra l'une des figures du nationalisme arabe fut, peut-être, l'un des derniers ottomanistes[1].

Après la Première Guerre mondiale, Housri décida de rentrer en Syrie et de se mettre au service de Fayçal qui avait été proclamé roi. Il devient le confident du souverain qui le nomma au poste de ministre de l'éducation. Toute sa vie il restera fidèle à Fayçal auquel il vouait une vive admiration :

> « Je rencontrai Fayçal à Damas après son retour de la conférence de la paix à Paris. Nos rapports allaient vite devenir très confiants et étroits et ils ne cessèrent de se renforcer durant la période de quatorze ans au cours de laquelle j'allais rester à ses côtés et travailler sous ses ordres… J'ai été avec lui durant les circonstances le plus difficiles comme durant les rares périodes de bonheur. Durant toutes ces années, j'ai pu mesurer combien il était grand dans tous les sens du terme[2] ».

---

1. CLEVELAND, William. *The making of an Arab Nationalist*. Princeton, 1971.
2. Al HOUSRI, Sati. *Safahat min al madi al qarib*. Beyrouth, 1948.

Lorsque les troupes de Gouraud marchèrent sur Damas, c'est Housri qui fut chargé par le roi de transmettre le message de la dernière chance. Après la prise de la capitale syrienne, le 24 juillet 1920, il suivit le monarque en exil puis il se retrouva en Irak où Fayçal était montré sur le trône, en 1921. Nommé Directeur général de l'éducation, il est en réalité le véritable ministre de l'enseignement et de la culture et il restera durant les douze années du règne. Demeurant à l'écart des partis et des luttes politiques intérieures, il se consacra à la rédaction d'ouvrages sur le nationalisme arabe et apporta sa collaboration aux efforts du roi pour arracher l'indépendance aux Britanniques. Parallèlement, il déploya ses efforts pour renforcer le sentiment national chez les enfants d'Irak et répandre l'idée du nationalisme et de l'unité arabe. Sur le plan scolaire, ce réformiste définit une orientation moderne et n'hésita pas à critiquer les lacunes et les imperfections de l'enseignement religieux. Il préconisa la mixité des classes et veilla à introduire l'apprentissage des techniques nouvelles et des langues étrangères. Ses méthodes novatrices lui valurent d'être dénigré par les milieux les plus conservateurs qui l'accusèrent même d'athéisme. Le soutien de Fayçal ne lui fit jamais défaut et le roi prit à son compte toutes ses initiatives :

> « Sati, ne perdons pas courage. Nous ne voulons pas être populaires à tout prix et nous n'avons pas à rechercher des compromis avec ceux dont l'action ne vise qu'à enraciner le sous-développement. En Irak, nous construirons un État nouveau et un exemple pour toute la nation arabe. L'avenir nous rendra justice[1] ».

À la mort de Fayçal en septembre 1933, probablement empoisonné par les services britanniques, Housri fut maintenu dans ses fonctions par le roi Ghazi Ier qui était acquis aux idées nationalistes arabes. Mais après l'assassinat de Ghazi par un homme de main manipulé par les Anglais, en 1939, Sati el Housri entra ouvertement en conflit avec Nouri Saïd, un ancien militaire kurde de la Révolte arabe qui était devenu l'homme lige de Londres en Irak. En 1941, il soutint la révolution nationaliste de Rachid Ali et des officiers du Carré d'or. Il dut quitter le pays à la suite de leur échec. Réfugié à Beyrouth puis au Caire, Housri ne put revenir

---
1. Al Housri, Sati. *Moudhakirati fi al Irak* (*Mes mémoires en Irak- 1921-1941*). Beyrouth, 1967.

à Bagdad qu'après la prise du pouvoir par le Baas en juillet 1968. Il y mourut en décembre suivant à l'âge de quatre-vingt-huit ans et il eut droit à des funérailles nationales organisées par l'État baassiste.

Avec Sati el Housri le nationalisme arabe trouve son premier théoricien entreprenant de poser des bases intellectuelles solides. Il constate d'abord que les traités de paix et l'établissement des mandats ont anéanti l'espoir de former un État indépendant. Ils ont divisé les provinces arabes détachées de l'Empire ottoman en plusieurs entités politiques. La création de ces entités a donné naissance à « des tendances régionalistes propres à chacun d'entre eux et ces tendances ont contrecarré la pensée du nationalisme arabe, entravé son développement et, dans certains endroits, essayé de le ruiner ». Ce « régionalisme » entérinant le fait accompli est l'expression politique de ceux qui en tirent profit. Au contraire, le nationalisme arabe aspire à « la réalisation de l'espoir rêvé » et considère l'état de fait comme provisoire. Le cours inéluctable de l'Histoire doit lui donner raison car le nationalisme arabe est la seule idée force qui puisse tendre les énergies des masses, d'une part, et le monde est appelé à évoluer vers la constitution de grands ensembles, d'autre part. La nation arabe doit se réunifier si elle ne veut pas se trouver marginalisée. L'objet du « nationalisme arabe intégral » est de l'appeler à l'unité.

Distinguant la patrie particulière (*al watan al khass*) de la patrie générale (*al watan al amm*), Housri propose une définition de la nation arabe privilégiant l'élément culturel et linguistique. Ainsi est-il l'un des premiers à y incorporer très clairement l'Égypte et le Maghreb. Alors que beaucoup de théoriciens arabes ont plutôt subi l'influence de la pensée française (Renan, Barrès, Bourget, Maurras), Housri pense que l'exemple du nationalisme allemand du XIX$^e$ siècle serait plus proche de la situation des Arabes. Il a étudié Arndt, Herder, Kleist et Fichte dont les *Discours à la nation allemande* constituent, selon lui, l'une des contributions essentielles à la doctrine du nationalisme. Le principal point de rencontre est que la dimension romantique du nationalisme allemand, né avec Johan Gottfried Herder, insiste sur le contenu historique, « culturel » et linguistique. Pour Fichte la germanité est fondée sur la langue : « ce qui parle la même langue, c'est un tout que la nature a lié de liens multiples et invincibles ». Là où se trouve la langue allemande, « se trouve le peule (*völk*) allemand dont il faut réaliser l'unité». Housri estime que le pangermanisme correspond davantage à la situation des Arabes que le nationalisme français qui concerne une nation formée depuis plusieurs siècles et réunie autour d'un État central fort. Bien entendu, il ne peut savoir au moment où il élabore sa propre doctrine, c'est-à-dire durant les années vingt et le début des années trente, que, poussées à l'extrême, certaines idées pangermanistes conduiront à l'idéologie raciste et à la sinistre expérience hitlérienne. Il importe de rappeler que Sati el Housri, à l'instar de tous les théoriciens du nationalisme arabe, rejette totalement l'idée de race et d'une quelconque suprématie ethnique. Dans l'ouvrage qu'il lui a consacré, Cleveland souligne que Housri ne suit pas du tout les romantiques allemands lorsqu'ils affirment que l'Allemagne est supérieure à toute autre nation. Il se refuse à établir une comparaison qualitative entre la civilisation arabe et les autres. Il affirme que le dévoiement du pangermanisme en une sorte de volonté de puissance hégémonique est à l'opposé du nationalisme arabe, et à vrai dire ce serait plutôt le panislamisme qui se rapprocherait d'une telle conception[1]. En fin de compte, la définition que propose Housri de la nation exclut largement le critère religieux. L'historien ne manque jamais de souligner que l'identité arabe doit prendre en compte la période préislamique et tous les autres apports. De fait, l'ancien fonctionnaire ottoman reste marqué par les modes idéologiques de la fin du XIX$^e$ siècle et du temps des Jeunes Turcs. Quitte à se montrer trop systématique et à ignorer toute une dimension de l'identité et de la réalité arabes, il proclame que l'État arabe devra donc être «non religieux» parce qu'il se veut résolument «moderne», affirmant bien sommairement que «l'on vit depuis longtemps dans un monde qui a séparé la politique de la religion».

Sati el Housri a été l'un des illustres porte-paroles de l'idée nationaliste arabe. Mais uniquement de l'idée car il n'a pas créé un système, il n'a pas clairement exposé de plan d'action, il n'a pas défini la nature et la politique de l'État nationaliste, à l'exception du domaine, il est vrai essentiel, de l'enseignement au sujet duquel il a consacré de grands efforts. En outre, passé de l'ottomanisme au nationalisme arabe, il a conservé certains schémas de pensée ou des brides d'idéologie de l'ancien empire.

---

1. CLEVELAND, William, *op. cit.*

Ainsi sa place reste-elle encore celle d'un précurseur brillant mais dont la doctrine présente un caractère inachevé. Sur bien des points, elle demeure incomplète, et fait l'impasse sur des problèmes essentiels : l'économie, les questions sociales, la stratégie de l'établissement d'un État national arabe, le rôle de l'Islam. Il manque encore un contenu humain, philosophique, moral. Il manque « un humanisme politique[1] ».

C'est tout cela que Michel Aflak apportera au nationalisme arabe.

## Michel Aflak, sur le chemin du renouveau arabe

Sati el Housri n'est donc pas encore le véritable père du nationalisme arabe moderne. Comme Abdallah el Alayili, Sami Chaouket, Edmond Rabbat ou Constantin Zourayk, sa vision reste essentiellement culturelle. S'il envisage l'émergence d'un État arabe, il est, d'une part, indifférent aux implications économiques et sociales, et, d'autre part, il ne songe guère aux moyens à mettre en œuvre durablement pour y parvenir. C'est pourquoi, il faut chercher ailleurs le théoricien dont la pensée a séduit plusieurs générations d'Arabes et a exercé l'influence la plus considérable sur la scène du Proche-Orient. Celui grâce auquel le nationalisme trouve son expression la plus théoriquement fondée et est à l'origine du parti qui a dominé toute la vie politique arabe durant un demi-siècle. De ce parti, le Baas, on a pu dire qu'il est « une victoire de l'intelligence ». Et cette intelligence « porte un nom : Michel Aflak[2] ».

Michel Aflak est né à Damas, en 1912, dans une famille de la petite bourgeoisie chrétienne orthodoxe. Son père était un nationaliste convaincu appartenant au Bloc national de Choukri al Kouatli, hostile à la domination ottomane, puis à la présence française. En novembre 1928, le jeune Aflak s'installa à Paris pour y suivre les cours de la Sorbonne. Il s'intéressa tout particulièrement aux grands courants d'idées de l'époque. Il étudia Proudhon, Marx, Lénine, Georges Sorel, Nietzsche, Bergson,

---

1. RIZK, Charles. *Entre l'Islam et l'arabisme*. Paris, Albin Michel, 1983.
2. BENOIST-MÉCHIN, Jacques. *Un printemps arabe*. Paris, Albin Michel, 1958.

Maurras et, notamment, il suivit avec attention les travaux d'Emmanuel Mounier qui allait fonder la revue *Esprit*. En France, il découvrit ainsi la puissance de la réflexion doctrinale :

> « Avant de venir en France, je n'étais qu'un nationaliste arabe de sentiment ; j'avais surtout été influencé par mon père et j'avais réagi passionnément aux injustices réservées à notre nation arabe. Le nationalisme était notre réalité locale, mais à Paris je fus en contact avec d'autres théories, je découvrais d'autres perspectives, je fus conduit à m'interroger davantage…
> Je me forgeai l'idée d'une société nouvelle, ouverte sur le monde moderne, débarrassée du sous-développement, de la corruption et d'une certaine pusillanimité. Je conçus enfin que le nationalisme ne pouvait pas être simplement un cri du cœur, une revendication légitime mais mal formulée et qu'il devait, au contraire, reposer sur des bases solides et envisager tous les champs : la politique, la culture, le social, l'économie[1] ».

Le militant nationaliste conçut donc l'idée que la lutte pour l'indépendance n'était pas suffisante. Elle devait s'inscrire dans un cadre plus vaste, constituer un véritable projet envisageant tous les problèmes sociaux, intellectuels et culturels. Durant son séjour parisien, Michel Aflak rencontra un autre étudiant syrien, un musulman sunnite qui partageait son analyse et son souci de donner au nationalisme arabe une cohérence intellectuelle et institutionnelle. Avec Salaheddine al Bitar, il fonda l'Union des étudiants arabes en France et noua une amitié qui dura plus de cinquante ans, jusqu'à l'assassinat de Bitar en France par les services du régime d'Hafez el Assad, le 21 juillet 1980. Au début de l'été 1932, Michel Aflak regagna la Syrie où il fut nommé professeur d'Histoire au lycée de Damas. Salaheddine al Bitar enseignait les sciences dans le même établissement.

À ce moment, le Proche-Orient était devenu l'une des zones agitées de la planète. Les puissances occidentales s'y disputaient des intérêts stratégiques et économiques, la confusion régnait un peu partout, le peuple était insatisfait et se sentait humilié. Le mécontentement provoqué par les

---

1. Les citations non référencées du professeur Aflak sont extraites d'entretiens avec l'auteur entre 1984 et 1989.

trahisons d'après-guerre, l'occupation coloniale, la pénétration sioniste en Palestine, ne cessait de gagner du terrain à Damas, à Beyrouth, à Jérusalem, à Bagdad ou au Caire. Dans ce contexte, Aflak poursuivit sa réflexion sur la situation prévalant dans la nation arabe. Il était convaincu que les idéologies occidentales – marxistes, libérales ou autoritaires – n'avaient pas une valeur absolue car chaque société doit trouver en elle-même la réponse propre aux défis qu'il lui faut surmonter. L'intérêt qu'il portait aux penseurs européens ne le conduisit pas à construire, comme certains idéologues arabes, une théorie calquée sur leurs systèmes. Il se méfiait des dogmes importés et du prêt-à-penser tout autant que des spéculations de l'esprit et des idéologies. Pour lui, la politique devait être une science s'appliquant sur un corps social bien précis. Il appartient à chaque nation de concevoir les solutions qui correspondent le mieux à sa spécificité. En outre, ces conclusions doivent être envisagées en prenant en considération toutes les questions. Sur ce point, s'il rejetait l'imitation de modèles étrangers, Aflak condamnait tout autant les systèmes privilégiant un seul aspect des choses : l'économie, la religion, la crise sociale. Enfin, il estimait que les sous-nationalismes étaient également des réponses incomplètes, le plus souvent fondées sur des critères irrationnels comme l'ethnie, l'appartenance confessionnelle ou le chauvinisme, et propres à perpétuer les divisions institués par les puissances étrangères pour servir leur cause. Excluant ainsi le communisme, le fondamentalisme religieux et les divers courants sous-nationalistes, Aflak entreprit de donner au nationalisme arabe une consistance doctrinale et pratique en vue d'assurer le nécessaire bouleversement de la conjoncture du monde arabe.

Les principaux thèmes fondateurs de sa pensée sont exprimés dans l'un de ses premiers articles, paru dans l'influente revue d'idées *al Tali'a* (l'avant-garde), fondée avec Bitar en 1935 :

> « Nous ne demandons pas l'indépendance pour nous isoler des autres peuples, ni pour élever un mur entre les civilisations modernes et nous. Nous ne demandons pas la liberté pour vivre dans le chaos comme des nomades ou pour revenir à l'obscurantisme.
> Nous demandons l'indépendance et la liberté parce que c'est juste, que c'est notre droit et que c'est le moyen qui nous permettra d'épanouir nos talents et notre créativité afin que s'installe sur

cette terre qui est la nôtre l'humanisme intégral. Nous demandons l'indépendance pour nous donner la possibilité d'être présent dans l'Histoire et apporter notre contribution».

Dès cette époque, Aflak lia donc la cause de l'indépendance et du nationalisme à une perspective civilisationnelle. L'objectif de la restauration de la souveraineté arabe était indissociable de la restauration de la dignité de l'homme arabe et, plus largement encore, la résurgence de la civilisation arabe. Le combat pour l'indépendance et l'unité devait rapidement le faire entrer en conflit avec les marxistes. En effet, à la suite de la formation d'un régime de front populaire en France, en 1936, les communistes syriens avaient immédiatement tempéré leurs critiques à l'égard du mandat français. À cette occasion, les nationalistes avaient découvert que les marxistes ne se souciaient aucunement de la cause nationale qu'ils étaient prêts à trahir à la moindre occasion, au nom de leur idéologie et d'une prétendue solidarité socialiste. Michel Aflak fut le premier à dénoncer la soumission des communistes à une idéologie totalitaire et leur suivisme aveugle des directives du *Komintern* :

«Notre opposition aux communistes alignés sur les intérêts de l'Union soviétique et de leurs partis frères était totale. Nous n'avions que faire du mythe de l'Internationale prolétarienne et nous ne voulions pas passer d'une domination à une autre. Nous placions la question nationale au centre de nos priorités, eux ne prenaient en compte que les mots d'ordre et les directives émanant de leur capitale politique : Moscou. Nous sommes des nationalistes arabes et nous n'avons pu que constater une divergence fondamentale pour ce qui concerne nos objectifs stratégiques essentiels avec ceux des marxistes».

En outre, le caractère désincarné de l'idéologie marxiste répugnait au penseur arabe qui refusait l'idée folle de la table rase et du rejet du passé. Certes, il ne s'agissait pas d'entretenir un culte frileux d'un passé mort mais d'être pleinement héritier et pénétré du sens du devoir de faire fructifier l'héritage. C'est ce refus du totalitarisme et de l'hégémonisme communiste qui, après la seconde Guerre mondiale, amena Michel Aflak à préconiser le rejet de la bipolarisation entre deux blocs dirigés par les superpuissances impérialistes (États-Unis et Russie soviétique) et à prôner une politique de neutralité et de non-engagement qui serait une troisième voie consistant à ne pas s'aligner sur l'un ou l'autre des deux camps en présence car cela ne « ferait que nuire aux Arabes ». On sait que l'idée prospéra avec l'organisation du mouvement du non-alignement lors de la rencontre de Bandoeng, en avril 1955, dont Nasser, au nom du nationalisme arabe, fut l'un des pères fondateurs aux côtés de Nehru, Sihanouk et Tito[1].

Michel Aflak adopta également une attitude critique vis-à-vis des autres organisations politiques. Selon lui le vieux Bloc national, fondé en 1928, s'était enfermé dans une sorte de conservatisme bourgeois et ne militait plus que pour une dérisoire réforme institutionnelle ; les partis sous-nationalistes entérinaient une balkanisation désastreuse ; d'autres étaient trop influencés par les expériences totalitaires d'Allemagne et d'Italie ; enfin des organisations ramenaient tout à une vision réductrice et conservatrice de la religion. Si certains de ces groupes – comme la Ligue d'action nationaliste, créée en 1933 en Syrie, par des dissidents du Bloc national pour défendre une ligne nationaliste arabe – développaient parfois un axe de réflexion utile, force était de constater que leur perspective restait trop limitée, trop partielle, pas assez structurée.

En vérité, c'était le moment de réaliser une synthèse et d'articuler au sein d'un combat général des aspirations qui étaient complémentaires. C'est dans ces conditions qu'Aflak et Bitar œuvrèrent pour donner une consistance théorique et active au nationalisme arabe. En 1939, ils fondèrent un cercle de réflexion politique la Renaissance arabe (*al ihya' al arabi*). Ils furent rejoints par divers militants partageant leurs préoccupations, en particulier Zaki el Arzouzi, issu d'une famille alaouite aisée de la région d'Alexandrette, qui avait fondé le Cercle de l'arabisme (*Nadi al 'uruba*) pour lutter contre les visées turques sur cette région arabe, puis s'était fixé à Damas où il avait créé un parti arabe nationaliste, Peu à peu le groupe prit de l'ampleur. Le sérieux de sa pensée, le sens de l'organisation, la conviction de ses dirigeants permirent de nombre ralliements. La situation sur la scène arabe favorisait aussi son action.

---

1. COLOMBE, Marcel. *Orient arabe et non-engagement*. Paris, Publications orientalistes de France, 1973, 2 vol., 279 et 247 pages.

Depuis 1936, les Palestiniens avaient déclenché une insurrection contre la pénétration sioniste ; la défaite de la France en 1940 posa le problème de l'avenir de sa présence au Levant ; en Irak, Rachid Ali al Gaylani et les officiers nationalistes du carré d'or déclenchaient l'insurrection contre les Britanniques. Michel Aflak et ses compagnons se mobilisèrent en faveur des causes arabes. Lors de la révolution irakienne des officiers du carré d'or, ils rassemblèrent des volontaires, des fonds, des armes et des médicaments. Profitant de l'attitude passive des représentants du régime de Vichy en Syrie, les nationalistes arabes purent s'exprimer plus librement sur la question irakienne et ils acquirent de ce fait une nouvelle audience. Lorsque la révolution nationaliste fut vaincue en Irak par les troupes britanniques, le 31 mai 1941, les nationalistes arabes de Syrie avaient eu le temps d'organiser l'embryon d'un parti clandestin autour d'un comité exécutif réunissant Michel Aflak, Salaheddine al Bitar, Madhat al Bitar, et Djamil as Sayid, animateur de la Ligue nationale du travail. C'est à cette époque que le nom du Baas (la « résurrection ») fut définitivement choisi. Voici créé, dans la clandestinité, le parti Baas (*Hizb al Baas*) qui, à la fin de 1940, ne rassemblait encore que quelques dizaines de cadres[1]. Il ne tarda pas à prendre de l'ampleur. En 1943, Michel Aflak se mit en congé du ministère de l'enseignement pour se consacrer exclusivement à la direction de l'organisation. En juillet, il décida de se présenter aux élections législatives afin de profiter des facilités offertes pendant la campagne électorale pour faire connaître ses thèmes dans les milieux populaires.

À la fin de 1944, le président des États-Unis, Roosevelt, prononça une déclaration en faveur de l'immigration des Européens juifs en Palestine et soutient la revendication du mouvement sioniste en vue de l'établissement d'un État juif. Le Baas fut le premier à canaliser l'indignation manifestée dans le monde arabe, il affirma que la Palestine devait être « la cause de la nation arabe tout entière » car la volonté de créer un État sioniste s'inscrivait dans un vaste plan visant à morceler la nation arabe en favorisant l'émergence d'États artificiels fondés sur la religion, l'ethnie ou le sectarisme[2]. Le mouvement nationaliste critiqua aussi la création de

---

1. Al Ayssami, Chibli. *Le parti Ba'th. L'étape de sa fondation, 1940-49*, trad. en français, 1977.
2. Tawalba, Hassan. *Le Baas et la Palestine*, trad. de l'arabe (*Al Baas wa Falestine*). Bagdad, Dar al Mamoun, 1982.

la Ligue arabe, en 1945, qu'il considérait comme un complot des Anglo-saxons et des gouvernements arabes, destiné à perpétuer le découpage de la nation arabe.

En mars 1945, le comité exécutif du mouvement fut dissout par Choukri el Kouatli. Malgré cette interdiction, il poursuivit clandestinement ses activités et, après la guerre, il prit la tête du soulèvement de Damas de mai 1945 qui fut réprimé par les bombardements des 29 et 30 mai. Quand les troupes françaises quittèrent la Syrie et le Liban, en mars-avril 1946, et que l'indépendance fut proclamée, le Baas était devenu un véritable parti. Il obtint l'autorisation de reformer son comité exécutif et de publier son journal. Le 3 juillet parut le premier numéro du quotidien *al Baas* portant le slogan devenu célèbre : « Unité, liberté, socialisme ». Dans son éditorial Michel Aflak proclamait que le combat ne faisait que commencer car il devait s'étendre à la libération et à l'unité de toute la nation arabe :

> « Il faut maintenant créer les conditions de la grande révolution arabe du vingtième siècle qui permettra aux Arabes de réintégrer l'Histoire ».

Le temps était venu de procéder à la proclamation officielle du parti de la résurrection arabe (*Hizb al ba'ath al arabi*), le Baas. Le congrès fondateur eut lieu, du 4 au 7 avril 1947, dans la grande salle du café Rachid de Damas, en présence de deux cents délégués syriens et d'observateurs-associés venus du Liban, d'Irak, de Palestine et de Jordanie. Aflak prononça le discours d'ouverture :

> « Le parti Baas a fait front à toutes les difficultés qui ont accompagné sa fondation. Au début, nous n'étions qu'un très petit nombre, à peine une dizaine. Ensuite, de 1943 à 1945, la progression fut lente et ce n'est vraiment qu'à partir de 1945 que le parti a pris son essor et affirmé son existence sur la scène syrienne et arabe…
> Trois facteurs ont motivé la naissance du Baas :
> – nous étions convaincus que la nation arabe avait besoin d'un bouleversement total ;
> – nous avons senti que le moment était venu de déclencher ce bouleversement ;

– nous étions persuadés que la nouvelle génération serait l'instrument de ce bouleversement.

Le Baas est le parti de l'unité et de la grande révolution arabe du vingtième siècle. Il est le parti de la résurrection. Il a un rôle spécifique à jouer, un rôle d'avant-garde : ou bien notre contribution sera créatrice, audacieuse, capable de transformer la vie de tous les Arabes, les faisant passer de la décadence au progrès, ou bien nous échouerons complètement…

Notre objectif est clair et il ne souffre aucune ambiguïté : une seule nation arabe, de l'Atlantique au golfe Arabe. Les Arabes forment une seule nation ayant le droit imprescriptible de vivre dans un État libre. Les moyens de la résurrection sont les suivants : l'unité, la liberté, le socialisme (*Wahda, Houriya, ichtirakiya*) ».

La charte du parti fut adoptée le 7 avril 1947 et Michel Aflak nommé secrétaire général. Il exerça cette fonction, à Damas puis à Bagdad, jusqu'à sa mort survenue le vendredi 23 juin 1989 à l'Hôpital militaire du Val-de-Grâce à Paris[1]. L'un de ses tout premiers gestes consista à s'engager, à la tête de volontaires du parti, sur le front de Palestine lors du déclenchement de la guerre de mai 1948 qui suivit le vote du plan de partage intervenu au Nations unies en novembre 1947 et la proclamation de l'État d'Israël.

Quelques années plus tard, en 1953, une fusion opérée avec le Parti socialiste arabe d'Akram Hourani, conduisit à une nouvelle dénomination du parti qui devint le Parti de la résurrection arabe et socialiste (*Hizb al ba'ath al arabi al ishtiraki*). En 1954, devenu la principale force politique en Syrie, le Baas remporta de nombreux sièges aux élections syriennes et occupa plusieurs postes ministériels de première importance. Désormais, il était bien cette avant-garde (*al tali'a*) militante et structurée voulue par son fondateur et ses idées commencèrent à se répandre aux quatre coins de la nation arabe, « de l'Atlantique au golfe Arabe ».

Dans le combat du Baas, la pensée a précédé l'action. Avec Michel Aflak, point de thèses hasardeuses ou approximatives, d'envolées lyriques et romantiques, ni même le ton un peu gourmé et élitiste d'un Sati el

---

1. Michel Aflak a été enterré, avec des obsèques nationales, dans un mausolée près du siège central du parti Baas à Bagdad. Le tombeau a été profané lors de l'invasion états-unienne en 2003.

Housri, nous sommes en présence d'une réflexion en profondeur ne négligeant aucun secteur, aucun détail, aucune conséquence pratique. Comme Maurice Barrès, le fondateur du Baas était convaincu qu'« on ne soulève pas les masses pour une action durable, sans des principes. Il n'y a aucune possibilité d'action constructive sans une doctrine[1] ». Dès lors, il consacrera sa vie à la pensée nationale arabe.

La pensée de Michel Aflak est une vision du monde spécifiquement arabe. Elle n'est pas une théorie inspirée par les idéologies européennes et ne tente pas d'imiter un quelconque système, marxiste ou autre, comme cela a souvent été le cas des intellectuels du Tiers-Monde. Au contraire, la philosophie du Baas procède d'une réflexion propre portant sur une société bien précise : la nation arabe. Établissant une relation étroite entre la pensée et la stratégie, Aflak pose deux questions : « qui sommes-nous et que pouvons-nous ? ». À la première de ces interrogations, il répond par l'affirmation que les Arabes forment un seul peuple, une seule nation, qui se caractérise et s'identifie dans l'universel par une langue, une culture, des données sociologiques et une histoire commune. Cette prise de conscience de la dimension historique arabe constitue le point de départ. Il s'agit, ensuite, de réintroduire l'homme arabe dans l'Histoire après une parenthèse de plusieurs siècles de domination et d'occupations étrangères.

En réponse à la question « que pouvons-nous ? », Michel Aflak soutient le grand dessein d'entraîner près de deux cents millions d'hommes, « de l'Atlantique au Golfe », à la reconquête de leur unité et de leur grandeur. C'est ce que résume le fameux mot d'ordre du Baas : *Oumma arabiya wahida zat risala khalida* (« une nation arabe unie à la mission éternelle »). Cette mission est avant tout de nature spirituelle, elle consiste à libérer les potentialités et toutes les forces vives pour le développement spirituel et matériel de la nation arabe de façon qu'elle apporte sa contribution à l'universel. Une mission est « ce qu'une fraction de l'humanité est susceptible d'apporter à l'humanité tout entière[2] » et une telle mission

---

1. BARRÈS, Maurice. *L'appel au soldat*, 1900.
2. AFLAK, Michel, « La signification du message éternel », 1950, in *Choix de textes de la pensée du fondateur du parti Ba'th*, 1977.

est éternelle parce qu'elle constitue « un lien organique entre le passé, le présent et le futur[1] ». Tel est l'objet du nationalisme : la bataille du destin commun[2].

Le but suprême est d'assurer, par l'unité arabe, la résurrection de l'arabisme. Ce renouveau ne pourra se réaliser que par un projet global forgé, popularisé et mis en pratique par le Baas. En effet, Aflak juge que la plupart des penseurs arabes n'ont jusqu'alors proposé que des solutions fragmentaires. Les théoriciens des Frères musulmans se sont limités à concevoir un prétendu réveil islamique qui ne relève pas le défi de la modernité et néglige la cause nationale. Les partis influencés par les idéologies occidentales ont été enclins à préconiser des changements politiques à court terme (les patriotismes locaux) ou sociaux (les marxistes). Selon Aflak, il s'agit de combiner tous les éléments, de réconcilier des aspirations complémentaires, religieuses et identitaires, politiques et sociales, qui sont indissociables. La nation en devenir doit être envisagée dans sa globalité car, pour entrer dans le monde moderne et retrouver sa place dans l'Histoire, tous les facteurs doivent être pris en considération. L'originalité de la pensée d'Aflak est de privilégier le combat des idées, à la différence, par exemple, du nassérisme qui sera essentiellement charismatique. Certes, il ne s'agit pas de sous-estimer le rôle des hommes mais ce rôle doit s'appuyer sur des principes solides et une méthode de pensée scientifique. La pensée doit guider l'action, et l'action elle-même doit reposer sur un parti représentatif des citoyens les plus conscients, qui a pour tâche d'éveiller le peuple en formulant une vision d'avenir. Ce parti, en l'occurrence le Baas, est l'avant-garde du peuple arabe en marche vers son unité. Il est « le pionnier du temps de l'héroïsme ».

Le parti n'a pour objet de gérer ou d'entretenir un appareil bureaucratique de gouvernement, mais de façonner une élite qui prépare les conditions du bouleversement radical (*al inqilâb*) – terme que Michel Aflak préférera à celui galvaudé, de révolution (*al saoura*) – de la conjoncture arabe. Il ne s'agit pas simplement de réorganisation mais d'un retournement total, *al inqilâb*, pour créer une situation nouvelle délivrant toutes les potentialités

---

1. Farah, Elias. *La pensée arabe révolutionnaire face au défi contemporain*, trad. en français. Parti Baas, 1978.
2. Aflak, Michel. *Ma'rakat al-maṣīr al-wāḥed* (La bataille du destin commun). Beyrouth, Dar al Adāb, 1963.

de la nation arabe. Le Baas vise à être un éveilleur d'hommes, il doit délivrer les potentialités jusqu'alors étouffées. Ainsi, son objectif ne se limite pas seulement à fonder un nouvel ordre politique et à une revivification économique et sociale, il a pour objectif suprême une résurrection intellectuelle et morale. Le Baas est porteur d'une mission sans pareille, celle d'élever l'homme arabe à sa dignité. Mais, pour devenir ce qu'il est, l'homme arabe doit être replacé dans son cadre national. C'est la nation qui fonde le citoyen bâtisseur d'avenir. Pour atteindre cet objectif, il faut naturellement un État national, veillant à faire prévaloir le bien commun (*al maslaha*) sur les intérêts particuliers et égoïstes. Cet État ne sera pas une dictature. Au contraire, il jettera les bases d'une démocratie adaptée à la nation arabe de façon à permettre à toutes les forces vives de s'exprimer et de jouer leur rôle.

La pensée d'Aflak s'oriente autour d'un célèbre triptyque : unité (*wahda*), liberté (*houriya*), socialisme (*ichtirakiya*). De ces trois idées la plus importante est celle de l'unité puisqu'elle pose précisément la question nationale. Le nationalisme baassiste est panarabe. L'idée de l'unité de la nation arabe constitue l'idée-force. Les Arabes sont une nation parce qu'ils forment une communauté de destin dans l'universel. Seuls les aléas de l'Histoire, puis des régimes indigènes, les ont divisés, mais ils n'affirmeront pleinement leur présence dans le monde qu'en se réunifiant. La charte élaborée par le congrès du Baas en 1947 commence par ces mots : « Les Arabes forment une seule nation qui a le droit naturel de vivre dans un seul État. Il faut rechercher une entière unité culturelle, économique et politique ». Le concept de nation arabe a souvent été controversé, surtout en Occident. Il faut se garder d'une certain occidentalo-centrisme qui prétendrait plaquer ses schémas de pensée sur tout l'univers. Au regard de la conception de l'État-nation, qui est propre à la tradition française, il n'existe pas formellement de nation arabe mais si l'on veut bien revenir au sens primitif, celui de réunion de gens de même naissance, on doit admettre que la nation arabe n'est pas si utopique. En tout cas, il est surprenant de constater que certains entretiennent le rêve d'une union entre les nations européennes, que presque tout sépare à commencer par la langue, et nient le bien-fondé d'une unité arabe qui est pourtant moins artificielle puisque tout rapproche les Arabes des diverses régions : la langue, l'histoire, les mœurs, la religion. Or, la communauté de langue, culture, de tradition peut aussi être considérée comme le fondement d'une nation.

S'interrogeant sur l'identité arabe, Michel Aflak admet que celle-ci procède de la langue, de la culture, de la mémoire commune, de la géographie, tout en notant que cela ne suffit pas. L'identité est principalement une perception commune du fait arabe, un ensemble de valeurs partagées et la manière d'être d'un peuple. Elle est un consensus et un imaginaire collectif, c'est-à-dire, comme l'écrit Renan, une âme, un principe spirituel. La nation arabe existe parce qu'il y a chez les Arabes une volonté de l'être et le même désir de partager un destin commun en faisant faire de grandes choses ensemble. En tout cas, il est constant que les Arabes forment un peuple au sens du mot allemand *volk*. La phrase de Fichte s'applique parfaitement à eux : « ceux qui parlent la même langue forment un tout que la nation a lié de liens multiples ». Pour les baasistes la nation arabe est là où est le peuple arabe, sans d'ailleurs que cette notion ne revête chez eux la moindre connotation raciale ou ethnique. À cet égard, Michel Aflak condamne sans réserve les partis arabes, influencés par les fascismes européens et par le nazisme allemand, qui ont fait référence à l'idéologie raciale. Il ne cessera de réaffirmer que le nationalisme arabe est l'un de ceux qui restent le plus étranger à l'idée de race. À cet égard, il se rapproche d'une conception française exprimée, par exemple, par Fustel de Coulanges lors d'une célèbre controverse avec l'historien d'outre-Rhin, Mommsen :

> « Ce qui distingue la nation, ce n'est pas la race… Les hommes sentent dans leur cœur qu'ils sont un même peuple lorsqu'ils ont une communauté d'idées, d'intérêts, d'affections, de souvenirs et d'espérances. Voici ce qui fait la patrie… La race c'est le passé… ce qui est actuel ce sont les idées, les intérêts, les affections[1] ».

Le Baas affirme également qu'on ne peut lier l'idée de nation à celle de frontières quand ces frontières sont artificielles et ont été tracées par des occupants étrangers. Le principe de l'intangibilité des frontières héritées du colonialisme, et qui est devenu un leitmotiv de la diplomatie

---

1. Fustel de Coulanges. *L'Alsace est-elle allemande ou française, réponse à M. Mommsen*, 1870.

occidentale, lui semble particulièrement odieux quand il a pour but de perpétuer des divisions injustes et contraires au droit et aux intérêts des peuples. Or le morcellement institué par les grandes puissances a visé à empêcher les Arabes de prendre en main leur destin et de compter dans la vie internationale. Le Baas se propose justement de leur redonner le souhait de vivre et d'agir ensemble en dépassant le cadre des États artificiels qui les divisent. C'est pourquoi, le Baas a dénoncé la création de la Ligue arabe, en 1945, ce qu'elle entérinait une situation de fait jugée intolérable. Si l'analyse semble convaincante pour ce qui concerne les pays du Croissant fertile ou ceux qui avaient perdu leur indépendance au sein de l'Empire ottoman durant des siècles, il est indéniable qu'il existe dans le monde arabe un certain nombre de nations historiques, avec une forte identité et un État national constitué depuis plusieurs siècles. Ces nations ne sont en rien artificielles. C'est le cas du Yémen, d'Oman et, surtout, du Royaume du Maroc, gouverné par une monarchie nationale depuis la fin du VII$^e$ siècle et, depuis le XVII$^e$ siècle par la dynastie alaouite dont le prestige est rehaussé par le fait qu'elle descend du Prophète de l'Islam. Dans ces conditions, la formule d'un seul État préconisée par le nationalisme arabe doit être nuancée de façon à trouver une formule de coopération qui ne porte pas atteinte aux spécificités légitimes.

Enfin, et c'est là l'essentiel, Michel Aflak expose que la nation est le seul cadre possible du devenir de l'homme libre. Non seulement il ne dissocie pas nationalisme et humanité mais il expose que le nationalisme, conçu comme un idéal commun face à l'effondrement des valeurs, peut apporter une réponse à la crise d'un monde qui, sacrifiant tout au matérialisme, oublie son passé, ses racines, les bases fondamentales des sociétés humaines et nie finalement ce qui est la principale dignité de l'homme, le fait d'être un animal historique et civilisé. À l'instar de la philosophe Simone Weil, il juge que l'homme déraciné est en proie au vertige et retourne à la barbarie. C'est bien la nation qui forme le cadre de l'humanisme contemporain. Elle ne s'oppose d'ailleurs pas aux autres nations, elle les complète, car plus un peuple est singulier, plus il a quelque chose à apporter aux autres. En effet, l'idée d'universel est en rien synonyme d'uniformité, de nivellement cosmopolite, de négation des identités et de la diversité enrichissante ; c'est au contraire une vision du monde supposant le respect des diversités, où chacun est appelé à jouer sa partition, chaque civilisation apportant sa note et sa richesse créative à la culture mondiale. Comme tout nationalisme bien compris, et l'on peut ici le rapprocher du gaullisme, le nationalisme arabe est l'affirmation d'un humanisme intégral qui invite chaque peuple à défendre son authenticité pour résister au nivellement, à la termitière, à la machine à broyer les individus.

Le nationalisme baassiste n'est pas une idéologie xénophobe et totalitaire. Il ne tend à l'exclusion et au rejet des autres et il condamnera la xénophobie dont feront preuve certains milieux des Frères musulmans. À plusieurs reprises Aflak prendra le soin de le distinguer des funestes expériences européennes des années trente et quarante du XX$^e$ siècle, lesquelles constituaient à ses yeux

> « des caricatures de nationalismes et même le contraire du nationalisme dans la mesure où le fascisme, et surtout le national-socialisme allemand, ont voulu asservir les autres peuples et même en anéantir certains en pratiquant une horrible politique d'extermination. Il faut préciser que notre opposition au sionisme, idéologie totalitaire et injuste, ne nous a jamais conduit à fermer les yeux sur les terrifiants crimes perpétrés contre les juifs européens. Notre antisionisme n'a jamais rien eu de commun avec un quelconque antisémitisme qui dans le cas du peuple arabe serait bien entendu absurde. Nous considérons les Arabes juifs comme nos frères au même titre que les Arabes chrétiens et musulmans. Le sionisme est une création européenne qui a empoisonné notre vie à tous. J'ajoute que le sionisme, qui est une idéologie très marquée par les idées à la mode en Europe de la fin du XIX$^e$ et dans la première partie du XX$^e$ siècle est un projet ethnique et confessionnel qui, à bien des égards, se rapproche des conceptions panislamistes ou de certains nationalismes du Proche-Orient, par exemple l'aryanisme iranien. Toutes ces formules sont à l'opposé du nationalisme arabe, étranger à tout esprit d'exclusion, de sectarisme, de supériorité d'un prétendu peuple élu ou d'une race supérieure ».

Sur ce point, le Baas a toujours été très clair. Dans une étude publiée à l'occasion du trentième anniversaire de la défaite de l'Allemagne nazie, l'un des penseurs du Baas, Elias Farah a pu écrire que la victoire sur le fascisme doit être considérée, du point de vue du mouvement nationaliste arabe, « comme un pas décisif sur la voie de la destruction de l'idéologie de la guerre » et de l'oppression[1]. Il ajoutait que la pensée nationale arabe a préservé le mouvement national arabe de la contamination par les idées fascistes et totalitaires.

Avec l'unité, la liberté et le socialisme sont les deux autres idées forces du Baas. Le thème de la liberté est d'abord influencé par la conjoncture où s'élabore la pensée de Michel Aflak. Celle des années trente qui sont caractérisée par une extrême dépendance des Arabes à l'égard du colonialisme. À l'instar de Heidegger, Michel Aflak pense que « la source de l'aliénation est dans l'absence de patrie ». Pour redonner leur liberté aux Arabes, il faut leur restituer une citoyenneté. Mais, le philosophe du Baas juge que l'absence de liberté a des causes encore plus profondes : le sous-développement, l'ignorance, le tribalisme féodal, l'égoïsme de régimes corrompus. Pour lui, la liberté n'est pas seulement un slogan ou un passeport, elle consiste à permettre l'épanouissement de la personne humaine. Si elle doit évidemment passer par la première étape de l'indépendance nationale, la lutte pour la liberté ne saurait s'arrêter en chemin ; elle suppose aussi la suppression de tous les facteurs d'oppression et de tout ce qui humilie l'homme. C'est pourquoi, le nationalisme arabe tend à la construction d'un État de droit, démocratique. Il appelle les Arabes à relever la tête et à mettre fin aux jours d'humiliation, selon le célèbre mot de Nasser, lequel mit fin en Égypte à une longue période durant laquelle « personne ne levait la tête[2] ». Le nationalisme invite les Arabes à retrouver leur dignité et à reprendre le sentiment d'eux-mêmes, à sortir d'un réseau d'habitudes sclérosées, à progresser par l'effort et par l'imagination ; il ouvre aussi les pistes du progrès en matière d'éducation et

---

1. FARAH, Elias. *Le mouvement de libération arabe face au fascisme*, trad. en français. Paris, 1975.
2. MAHFOUZ, Naguib, *op. cit.*

de la transformation de la condition de la femme dont la charte du parti proclame (article 12) qu'elle jouit de l'intégralité des droits civiques et le Baas œuvre pour faire progresser sa condition[1].

Maurice Barrès a été le premier à poser le principe qu'il existe un lien étroit entre l'idée nationaliste et l'idée de la justice sociale. Le nationalisme ne peut ignorer la question sociale[2]. Cette conviction, que l'on retrouvera chez Charles de Gaulle, est totalement partagée par Michel Aflak. Il est persuadé que le nationalisme arabe ne se fera pas en laissant les masses de côté. Il ne doit pas être l'apanage d'un cercle intellectuel ou d'un groupe de militants et de dirigeants coupés du pays réel. Les masses doivent participer pleinement à une lutte qui les concerne en premier chef, car la nation est en fin de compte leur bien commun, la plus précieuse de leurs libertés. Pour cela, il faut vaincre la misère, l'analphabétisme, le sous-développement, l'exploitation. Il faut réintégrer le peuple dans la vie nationale pour qu'il fasse de l'unité sa grande affaire et qu'il soit arrimé à la communauté nationale. Penseur d'un modèle arabe authentique, Michel Aflak définit un socialisme spécifique. Il se méfie des formules toutes faites et prétendument universelles, qui ne dissimulent le plus souvent que des visées totalitaires. Sa doctrine est une voie arabe vers un socialisme empirique. Celui-ci n'est pas un système préconçu ou inspiré par un quelconque exemple, c'est une pensée qui part de la réalité nationale et se veut le simple outil de l'édification d'une nouvelle société. Ce socialisme arabe présente la particularité de rejeter à la fois la conception libérale et capitaliste et la conception marxiste de la lutte des classes, qui sont toutes deux associées à l'idée de la toute-puissance des valeurs économiques et matérielles. Sans doute sous l'influence de la rencontre avec Mounier, mais assurément dans la tradition de la pensée arabo-islamique, le socialisme baasiste privilégie l'homme sur le système et il le place au centre de ses préoccupations, n'hésitant pas à affirmer que le socialisme n'est pas seulement l'amélioration des conditions de vie matérielle, mais aussi « l'amélioration de la richesse de la vie humaine[3] ».

---

1. En Irak, sous la direction du Baas et la présidence de Saddam Hussein (jusqu'à mars 2003), le nombre des filles à l'université étaient égal à celui des garçons et les femmes occupaient des fonctions à tous les échelons de la fonction publique et hospitalière.
2. BARRÈS, Maurice. *Scènes et doctrines du nationalisme*. Paris, Félix Juven, 1902.
3. AFLAK, Michel. « La richesse de la vie », 1936.

Michel Aflak reprend la distinction, établie par Péguy et développée par Mounier, entre l'individu et la personne. « L'individu, c'est la dissolution de la personne dans la matière[1] », le petit être indistinct, stéréotypé, sans dimension spirituelle, sans souci du bien commun et sans attache alors que la personne referme « une tension continuellement créatrice[2] ». Pour Aflak, l'individu est « le petit homme sacrifié aux lois du Marché et à la logique du profit par le capitalisme libéral ».

Cette critique sans concessions des dérives du capitalisme, au nom d'une certaine idée de la dignité humaine, ne conduit pas le nationalisme arabe à approuver le dogme marxiste. Bien au contraire, il le considère comme encore plus néfaste car plus totalitaire :

> « La philosophie marxiste est matérialiste et totalisante, donc totalitaire. Elle ne considère que la collectivité en oubliant la personne humaine. Elle entend se plaquer n'importe où et n'importe comment. Selon nous, et c'est une autre divergence fondamentale avec le marxisme, le socialisme ne doit pas écraser l'individu. Il doit, au contraire, être à son service ».

À l'instar du nationalisme français, de Barrès jusqu'à de Gaulle, le philosophe du nationalisme arabe rejette un monde fondé sur une certaine conception de l'homme, commune aux économistes anglais du XVIIIe siècle comme à Marx ou à Lénine ; ce que Bernanos a pu condamner comme « un système qui a défini une fois pour toutes l'homme comme un animal économique, non seulement l'esclave mais l'objet, la matière presque inerte, irresponsable, du déterminisme économique[3] ».

C'est bien l'homme qu'il s'agit de sauver, « la seule querelle qui vaille » affirmait le général de Gaulle. Il convient de rétablir la primauté de l'être sur la matière, de la personne concrète sur l'individu abstrait, de l'homme-citoyen sur la masse informe et soumise. La présence de l'homme sur terre n'a pas pour ultime perspective de satisfaire des besoins matériels. L'homme est un bâtisseur de civilisation, un semeur d'Histoire. C'est dans le cadre de la nation libérée et réunifiée qu'il doit rechercher la fusion de l'originalité, qui l'identifie et l'enracine, et le renouvellement

---

1. Cité par DOMENACH, Jean-Marie. *Emmanuel Mounier*. Paris, Le Seuil, 1972.
2. *Ibidem*.
3. BERNANOS, Georges. *La France contre les robots*. Paris, Laffont, 1947.

qui vise à surmonter les épreuves pour marcher vers l'avenir et le progrès (*takadoum*). Le nationalisme n'est pas le culte d'un passé momifié et révolu, mais un projet vivant.

Dans ces conditions, le combat politique est inséparable du combat spirituel et culturel. C'est dire la part accordée à la culture dans la doctrine baassiste. Ici, il importe de bien préciser que la culture ne se limite pas à la production artistique et littéraire mais elle englobe un champ beaucoup plus large. Il existe en arabe un terme, *thakâfa*, qui couvre non seulement la culture au sens restreint mais encore la culture au sens le plus large englobant toutes les valeurs et les coutumes régissant le comportement social, une vision de l'univers, de la société et l'individu. C'est bien à un réveil de la civilisation arabe qu'appelle le philosophe du Baas. Son progressisme ne consiste pas à adhérer à une sorte de mythe de la modernité qui, comme l'a noté Max Weber, se traduirait par l'avènement d'une société uniformisée dominée par la technique. Le progrès matériel, économique, technologique doit s'inscrire dans une quête supérieure qui vise à l'évolution de la dignité humaine, c'est-à-dire, en fin de compte, à la restauration de la civilisation et un projet spirituel.

La question culturelle conduit naturellement à poser le rapport à la religion (*dîn*). On a souvent réduit le baassisme à une sorte de nationalisme laïc. En réalité, le terme laïc n'est guère approprié à la société arabo-islamique, ne serait-ce pour la simple raison qu'il n'existe pas de clergé, du moins dans l'Islam sunnite. En outre, il est constant que la pensée islamique classique a toujours établi une séparation entre les docteurs de la foi, les hommes de religion, et les hommes chargés du pouvoir politique. C'est d'ailleurs au nom de cette séparation qu'un Ibn Hanbal (m. 855), docteur de la foi, combattit la volonté du calife, autorité politique, d'imposer l'idéologie moutazilite en faisant valoir que cela n'était pas de sa compétence. Par ailleurs, l'imbrication entre l'Islam et l'arabisme est telle qu'il n'est pas facile de les dissocier, les chrétiens arabes eux-mêmes n'ayant jamais ignoré l'apport musulman à l'arabité. Aflak parle du « Prophète arabe » lorsqu'il évoque Mohammed. Il affirme que si le nationalisme laïc de l'Europe peut séparer religion et nationalisme, car la religion dominante (le christianisme) est venue en Europe de l'extérieur, précisément de l'Orient, le nationalisme arabe doit prendre compte que l'Islam n'est pas une simple foi dans l'au-delà ou un code moral. Pour les Arabes, c'est « l'expression de leur personnalité[1] ». L'Islam a été révélé en terre arabe, en langue arabe, au Prophète arabe, il est donc une partie fondamentale du patrimoine commun et de l'identité arabe. Dès lors, le nationalisme arabe ne peut ni s'opposer à l'Islam, ni l'ignorer. Il doit au contraire l'intégrer dans un projet national progressiste, ne pas rejeter la croyance, mais la mettre en quelque sorte au service de ce projet. De fait, le Baas se réfère moins à la laïcité qu'à une conception avancée de la religion. La véritable confrontation se déroule entre les tendances conservatrices et obscurantistes et les forces du renouveau incarnées par le nationalisme arabe.

En dernier ressort, il convient de souligner le dynamisme de la pensée de Michel Aflak. Elle n'est pas une idéologie figée, mais bien une doctrine (*nazariyah*) en évolution continuelle au rythme de l'évolution de la société arabe qui est son champ d'application. Elle est une attitude, une manière de penser et d'espérer. Par voie de conséquence, elle est une lutte constante. Telle était la conviction la plus ferme de Michel Aflak qui a affirmé dans un fameux texte :

> « Le danger, c'est de cesser d'être en prise directe avec la réalité nationale, c'est de perdre toute perspective historique. Le danger c'est de baisser les bras et s'abandonner à la fatalité. Le danger c'est la routine au lieu de la quête perpétuelle et de la marche vers l'avenir. L'essentiel c'est le défi qu'on se lance à soi-même pour être toujours une volonté en devenir. L'homme est créateur de son destin. C'est le *Jihad al akbar*, le combat suprême, celui qu'on doit remporter sur soi-même pour être digne de soi-même ».

Le *jihad al Akbar* ! Cette ultime référence à un principe clé de l'Islam n'est pas fortuite. Elle montre bien la coïncidence entre le nationalisme arabe et l'Islam réformiste.

---

1. AFLAK, Michel. *À la mémoire du Prophète arabe*, 1943.

## Islam et nationalisme arabe

Outre les communistes, enfermés dans leur idéologie et hostiles à toute idée nationale, les ennemis les plus acharnés du nationalisme arabe furent les mouvements qui ont annexé la religion islamique à des fins partisanes. Ainsi, le nationalisme a été décrié par l'organisation des Frères musulmans et les idéologues apparentés, comme, d'ailleurs, il a été vilipendé en France et dans certains pays européens par certains milieux chrétiens[1]. La critique la plus récurrente étant que le nationalisme éloignerait de l'universalité de la religion. Les penseurs nationalistes ont beau jeu de répondre que la nation est le vecteur de l'universel, lequel ne doit pas être confondu avec le cosmopolitisme. L'homme n'est pas un individu abstrait et isolé, sans feu ni lieu, et réduit à une nature, il est essentiellement un héritier. Il est ancré dans une société précise, dans une culture, dans une solidarité née de l'Histoire, c'est-à-dire dans une nation.

Cela est conforme aux enseignements des deux grandes religions monothéistes. Par exemple, l'Islam respecte la diversité des nations, conformément à ce qui est énoncé dans le Coran :

> « Nous vous avons constitués en nations et en peuples pour que vous puissiez vous connaître » (XLIX-13).

Le pape Jean-Paul II a résumé la doctrine catholique sur ce point en affirmant que « les nations sont les grandes institutrices des peuples[2] ». Pour l'Église catholique, il faut rendre à César ce qui appartient à César, c'est-à-dire respecter le rôle de l'État dans ses attributions au service de la société nationale. Dans les pays orthodoxes, les églises constituent les piliers de la société et de la nation. La pensée islamique classique expose également qu'un État est nécessaire afin d'œuvrer pour le bien commun et le Coran invite à respecter l'autorité de ceux qui détiennent le pouvoir (Coran : IV, 59).

---

1. Voir par exemple CHENAUX, Philippe. *Entre Maurras et Maritain. Une génération intellectuelle catholique (1920-1930)*. Paris, éd. du Cerf, 1999.
2. JEAN-PAUL II. *Mémoire et identité*. Paris, Flammarion, 2005.

Contrairement à ce qu'ont pu affirmer certains penseurs proches des Frères musulmans et, surtout, des courants plus radicaux, l'Islam et le nationalisme arabe ne sont pas opposés. Cette prétendue opposition n'a été qu'un argument polémique des adversaires du nationalisme arabes qui ont affirmé que celui-ci serait une « idolâtrie importée » de l'Occident, une sorte de copie des nationalismes européens. Il est notable que le même reproche fut fait par les milieux conservateurs et obscurantistes aux réformistes musulmans, ce qui démontre qu'une certaine idéologie dite « islamiste » s'est constamment opposée à toute évolution et à tout progrès. Cette idéologie n'a jamais exprimé qu'un repli pseudo-identitaire de rejet, alors que le nationalisme et le réformisme expriment une identité de projet. Un autre argument des « intégristes » consiste à qualifier le nationalisme de matérialiste, ce qui revient d'ailleurs à nier un principe fondamental de l'Islam qui veut que l'Islam est à la fois religion et société (*dîn wa dounya*) et ne néglige en rien les affaires de ce monde. Bien entendu, les antinationalistes s'attachent à ignorer toute la partie de la doctrine nationaliste relative au développement de l'humanisme et fortement imprégnées des vraies valeurs de l'Islam qui, comme l'a souligné Michel Aflak, sont progressistes.

Les pionniers du nationalisme arabe, Kawakibi, Rachid Rida, Chékib Arslan, Mohammed Kurd'Ali, en particulier dans son ouvrage *Al Islam wa al hadara al arabiya*[1], avaient déjà exposé le lien entre l'arabisme et l'Islam. Michel Aflak approfondit la réflexion. Selon lui, l'Islam n'est pas incompatible avec le nationalisme arabe, il doit même en être l'un des piliers à condition de retrouver sa force révolutionnaire. En 1943, dans son remarquable discours *A la mémoire du Prophète arabe*[2], il proclame :

> « L'Islam a été la pulsion vitale qui a révélé aux Arabes les potentialités et les forces latentes qui résidaient en eux. Il les a projetés sur la scène de l'Histoire. L'Islam est la meilleure expression du désir d'éternité et d'universalité de la nation arabe. Il est arabe dans sa réalité et universel dans ses idéaux ».

---

1. KURD'ALI, Mohammed. *Al Islam wa al hadara al arabiya* (L'Islam et la civilisation arabe). Le Caire, 1934, 2 vol.
2. Voir le texte intégral en fin de volume.

Il est clair que la pensée nationaliste ne nie pas le religieux et elle ne veut pas l'exclure. Aflak déclare d'ailleurs que «le souffle du Prophète animera toujours le nationalisme arabe». Si elle écarte l'idée d'un État «religieux», que ne propose d'ailleurs pas la pensée islamique classique, si elle exclut des solidarités fictives qui nieraient les différences profondes entre les nations (par exemple, avec la nation turque ou avec la nation perse qui est un éternel adversaire des Arabes), la pensée nationale arabe accorde à l'Islam toute sa place sur le plan social, culturel et spirituel. La conception que se fait le nationalisme arabe de l'Islam est dynamique. On voit bien ici l'opposition fondamentale entre le courant nationaliste et le pseudo-intégrisme, l'un est en totale harmonie avec le réformisme islamique, l'autre est une idéologie utopique (le mythe d'une nation islamique uni politiquement) et rigide, enfermée dans des schémas caricaturaux et finalement totalitaires qui conduiront aux pires excès : l'Iran depuis la révolution de Khomeiny en 1979, les Talibans en Afghanistan, les groupes terroristes comme al Qaïda.

Le nationalisme arabe rejette largement l'idée d'une religion qui imposerait sa loi à la politique, à la société ou à l'économie, servirait de prétexte à l'immobilisme et au conservatisme et constituerait ainsi un obstacle à la nécessaire entrée dans la modernité. La nation arabe réunie ne sera donc pas un nouveau califat car ce temps, certes glorieux, est passé. Il ne saurait davantage être question d'un gouvernement inspiré par la formule de *wilayat al faqih* prônée parfois par le clergé chiite iranien[1]. Dans l'Islam orthodoxe (sunnite), le pouvoir politique (*sultaniya*) ne se confond pas avec l'autorité en matière religieuse qui relève des oulémas, lesquels ont simplement un rôle de conseillers et, le cas échéant, un devoir de remontrance. Dans le système classique le calife lui-même a, dans le cadre de son rôle de gouvernant, le devoir de protéger la religion si elle est menacée, de veiller à faire prévaloir le bien et

---

1. Le *wilayat al faqih* (en perse *velayet e-faqih*), la régence et le gouvernement du docteur de la loi. Cette théorie, totalement inconnue dans l'Islam sunnite majoritaire, est propre au chiisme. Revigorée par l'ayatollah Khomeiny à la fin des années 1970, elle conduit à préconiser la tutelle de juristes-théologiens sur les affaires publiques, soit que ces théologiens gouvernent eux-mêmes, soit qu'ils exercent un droit de contrôle et d'orientation du gouvernement, par exemple par l'intermédiaire d'un «guide suprême» et de structures religieuses d'encadrement institutionnel comme cela a été le cas après la révolution iranienne de 1979 date à laquelle le *Velayet al faqih* a été inscrit dans le préambule de la Constitution iranienne adoptée le 24 octobre 1979.

à combattre le mal et de solliciter ou faire lui-même – s'il en a la capacité – l'effort d'adaptation aux situations nouvelles (*ijtihâd*), il n'a cependant pas le pouvoir d'imposer des règles ou des prescriptions nouvelles en matière religieuse. L'État nationaliste moderne doit être indépendant d'un quelconque pouvoir religieux – qui, de toute façon, est étranger à la tradition islamique – mais cela n'exclut pas que cet État soit fidèle à l'éthique musulmane dont les grands principes relatifs à la dignité de la personne humaine sont incontestables. Ce que le nationalisme arabe refuse serait une application littérale de l'enseignement de l'Islam conduisant à la nostalgie d'une société médiévale et inadaptée aux nécessités actuelles. Il rejette les aspects sclérosés et sectaires de la religion quand elle est confisquée par des esprits rétrogrades et fanatiques qui n'en donnent qu'une mauvaise image. Il désapprouve également l'intolérance vis-à-vis des minorités et l'utilisation de la foi à des fins partisanes. En d'autres termes, tout en affirmant que l'Islam est indissociable de l'arabisme, le Baas rejette le fondamentalisme conservateur et propose une analyse nouvelle et originale replaçant la religion islamique dans le rôle qui doit le sien et lui consentent une spécificité particulière en raison de son lien historique avec l'arabisme.

De surcroit, Michel Aflak rejette les divisions sectaires qui ne sont que de mauvais prétextes utilisés par les ennemis des Arabes pour les diviser. Il dénonce tout particulièrement la manipulation du chiisme par l'Iran de façon à créer un conflit artificiel entre Arabes sunnites et Arabes chiites dans le cadre de la vieille idéologie de la *chou'oubiya*[1]. Pour déjouer les calculs iraniens, les nationalistes arabes ont toujours déployé des efforts constants pour rapprocher Arabes sunnites et Arabes chiites et le Baas demandera même aux oulémas d'al Azhar de reconnaître le chiisme comme la cinquième école de l'Islam, en 1959[2]. Le Baas invite aussi les Arabes chrétien à s'ouvrir à l'Islam en tant qu'élément de leur héritage national et culturel. Parallèlement, il prône une totale entente entre Arabes chrétiens et Arabes musulmans et dénonce toute discrimination, comme le fera également Nasser en affirmant que musulmans et chrétiens sont

---

1. Notion née en Perse, visant à déformer l'Islam et l'utiliser contre l'arabité.
2. les quatre grandes écoles juridiques (*al madhâhib*) de l'Islam sunnite sont, par ordre chronologique, l'école hanafite, l'école malikite, l'école chafiite et l'école hanbalite, chacune portant le nom du savant dont elle se réclame. De fait, il y a aussi deux écoles chiites : la jafarite et la zaïdite.

«les fils de la même nation». Cette fraternité interconfessionnelle, qui avait déjà été exprimée lors du Congrès général arabe de Paris en 1913, est un véritable leitmotiv des nationalistes arabes. Selon Michel Aflak, le Baas reconnaît à l'Islam «un aspect particulier car il a joué un rôle essentiel dans l'histoire de la nation arabe et sa formation spirituelle», mais, pour le reste, le Baas est «un mouvement nationaliste qui s'adresse à tous les Arabes, de toutes les religions et de tous les groupes sociaux, sanctifie la liberté de croyance et considère avec un égal respect et une estime égale toutes les religions[1]».

En réalité, et ce n'est pas la moindre originalité de la pensée baassiste, la religion se voit assigner un rôle non seulement au service de la résurrection arabe, mais encore dans le processus du développement et de la marche vers l'avenir. Ici encore, le nationalisme arabe se rapproche du réformisme islamique dans la même volonté d'une véritable renaissance, laquelle passe par la nécessité de faire surgir un esprit public. On retrouvera cette conception chez Gamal Abdel Nasser qui exposera que la nation arabe doit être fière de sa civilisation islamique. Pour sa part, Abd el Rahman al Bazzaz reprendra les idées d'Aflak dans sa brochure *L'Islam et le nationalisme arabe* et posera le principe que «le nationalisme arabe sans l'Islam serait un corps sans âme[2]». En même temps, le nationalisme arabe ne prétend pas réduire l'Islam à l'arabisme et il est solidaire de la vocation universelle d'une religion qui représente la croyance et les espoirs de plusieurs centaines de millions d'hommes et de femmes de la Chine à l'Europe.

Entre le fanatisme religieux qui est un passé sans présent et sans avenir, et l'exagération inverse de certains matérialistes qui envisagent un avenir sans passé et sans mémoire, la pensée baassiste propose de considérer la religion comme une valeur essentielle et une composante du patrimoine arabe, qui peut trouver sa place dans un renouveau se fondant à la fois sur l'authenticité et le désir de modernité. Certes, il ne s'agit pas de se tourner vers on ne sait quel national-islamisme mais bien de mettre en valeur la complémentarité du nationalisme et du renouveau islamique qui

---

1. AFLAK, Michel. «*al Arab baïna māīhoum wa moustaqbalihim*» (Les Arabes entre leur passé et leur avenir), discours de 1950, in *Fi sabil al-bah*. Beyrouth, Dar al alīa li-l-ibāa wa al Nasser, 20ᵉ éd., 1978.
2. BAZZAZ, Abd el Rahman. *Al islam wa al Qaoumiya al Arabiya*, ouvrage précité.

concourent à un même projet moderne. Face, d'une part, à la conception rétrograde d'un panislamisme dont le cosmopolitisme est totalement utopique et, d'autre part, la résurgence périodique de l'éternelle menace de la *chou'oubiya* orchestrée par un jeu perse (iranien) souvent marqué par l'anti-arabisme, Michel Aflak souhaite que l'Islam retrouve ses principes révolutionnaires originels, en renouant avec la tradition islamique de la réforme[1]. De fait, il s'agit de redonner toute sa force à l'alliance indéfectible entre le réformisme islamique et le mouvement national, faisant de celui-ci l'un des fers-de-lance de la revivification de celui-là. C'est ainsi que, face au danger des dérives intégristes qui caricaturent le Message de l'Islam, Michel Aflak a pu affirmer :

« Un jour viendra où les nationalistes arabe seront les seuls à défendre les vraies valeurs de l'Islam ».

Au regard de ce que les extrémistes de toutes sortes ont fait de l'image de l'Islam, l'avenir semble lui avoir donné raison.

---

1. Voir notre ouvrage *La tradition islamique de la réforme*, Paris, CNRS éditions, 2010.

# CONCLUSION

Durant les années cinquante et soixante du xxe siècle, les idées du nationalisme arabe se répandirent largement, y compris dans certaines régions du Maghreb (Tunisie, Algérie). Cette expansion avait de nombreuses raisons : la création (1948) de l'État d'Israël en Palestine et le drame du peuple palestinien, l'affaire de Suez en 1956, le défi des impérialismes, la soif d'indépendance des peuples et leur ardent désir d'entrer dans le monde moderne, l'attrait d'une pensée cohérente exposée par Michel Aflak, mais aussi les progrès de l'éducation et les nouveaux moyens de communication, en particulier la radio avec, par exemple, la fameuse chaine *Saout al Arab* (*La Voix des Arabes*) qui répandit les mots d'ordre nassériens dans tout le monde arabe en même temps que les chansons d'Oum Kalthoum dont le répertoire comptait de nombreux chants révolutionnaires et nationalistes.

La structuration de la pensée nationale arabe attira de nouvelles couches de populations, en particulier dans les classes moyennes, chez les instituteurs, les professeurs des écoles, les fonctionnaires. Le Baas passa de mouvement intellectuel au statut de parti politique de première importance et il ouvrit des branches, placées sous un commandement national (interarabe) dans la plupart des pays arabes au Machrek comme au Maghreb. Bientôt, les nationalistes arabes furent au pouvoir dans des pays de premier plan. En Syrie, le Baas remporta un succès aux élections de 1954 et ses membres occupèrent de nombreux ministères. En Égypte, la révolution des Officiers libres, dans la nuit du 22 au 23 juillet 1952, conduisit à la présidence de Gamal Abdel Nasser à partir de 1954. Après une infructueuse tentative d'unité syro-égyptienne en février 1958, le Baas prit le pouvoir en mars 1963 à Damas[1], où Salaheddine al Bitar

---

1. En février 1966, l'aile civile du parti fut renversée par des militaires déviationnistes de gauche qui furent eux-mêmes renversés en novembre 1970 par Hafez el Assad qui instaura une dictature et persécuta les baassistes authentiques. C'est pourquoi, on peut ne parler de deux branches antagonistes du Baas mais bien du «Baas authentique avec ses chefs historiques (Aflak, Bitar) et, à l'opposé, de putschistes usurpateurs qui ont trahi le mouvement national arabe et ses aspirations les plus nobles» (Elias Farah à l'auteur, en 1989).

devint Premier ministre, puis à Bagdad où il fut ensuite écarté par le général nassérien Aref avant de revenir au pouvoir le 17 juillet 1968, jusqu'en mars 2003. Après la mort de Nasser, le 28 septembre 1970, les couleurs du nationalisme arabe furent principalement portées par le Baas à partir de Bagdad, tandis que l'influence du parti s'étendit au Liban, en Jordanie, en Palestine, au Yémen et dans certains pays de la péninsule Arabe ou du Maghreb.

Certes, le projet du nationalisme arabe n'a pas abouti. Le rêve d'une union totale, sous l'autorité d'un seul État, est devenu moins crédible au fil des années, mais l'unité peut revêtir bien d'autres formes, soit en s'inspirant du modèle d'intégration des nations du vieux continent au sein de l'union européenne, soit en imaginant un système fédéral, soit en constituant des sous-blocs (Maghreb, Croissant fertile et vallée du Nil, Péninsule) appelés à intensifier leur coopération. En tout état de cause, Michel Aflak estimait que l'unité ne pourrait se faire d'un seul coup et il serait « raisonnable et dans la nature des choses de procéder par étapes successives » en recherchant un très large consensus et en évitant de concevoir l'unité comme la suprématie d'une région arabe sur les autres, comme ce fut le cas lors de la République arabe unie (1958-1961) du fait du comportement arrogant des Égyptiens à l'égard des Syriens. Une forme originale d'unité conciliant les diversités et respectant, le cas échéant, l'attachement aux pays constitués depuis des siècles (par exemple, le Maroc) mais tirant profit des complémentarités, des virtualités, des solidarités, des ingéniosités des uns et des autres afin de promouvoir des efforts communs d'une politique commune, d'une défense commune, d'un marché économique commun, pourrait être imaginée pour répondre au défi d'un monde moderne en recomposition. À l'heure où l'on a trop vite adopté le slogan médiatique de « printemps arabe » pour qualifier des changements conjoncturels tout aussi inéluctables que chaotiques intervenus dans certains pays au cours des années 2011-2012[1], il faudrait sans doute réfléchir aux conditions de l'éclosion d'un véritable printemps arabe qui passera par la libération des peuples encore occupés (Palestine, Irak), par le recul de l'influence perse en Irak, par le renversement en Syrie d'un régime criminel et sectaire qui, durant quarante ans, a coupé le pays

---

1. Les événements de 2011 en Tunisie, en Égypte et dans d'autres pays arabes.

cœur du nationalisme arabe de son environnement arabe et, enfin, par la mise en place d'organismes efficaces d'intégration et de coopération interarabe sur le plan économique, culturel, militaire et politique.

Malgré des revers, le plus souvent dus à l'action conjuguée des ennemis des Arabes (État d'Israël, Iran) et de la superpuissance hégémonique états-unienne, il est remarquable que le mouvement national arabe ait fait progresser les Arabes sur la voie de l'émancipation et du progrès plus que toutes les autres idéologies réunies. Il a été, en tant que pensée politique, le moteur d'une série de mutations qui « sont à l'origine de la modernisation du monde arabe. La première est l'élaboration d'un nouveau cadre de références où tous les Arabes, indépendamment de leur appartenance confessionnelle, peuvent se reconnaître et s'identifier en tant que membres d'une seule communauté (culturelle et/ou politique)… [L'arabité] est une nouvelle perception identitaire impliquant de nouvelles valeurs, une vision du monde différente et surtout un projet culturel et politique[1] ».

Le mouvement nationaliste a donc marqué une prise de conscience, la revendication de la dignité et de l'indépendance dans le cadre d'un ordre international plus équilibré, la volonté d'établir un ordre social plus juste mais aussi une aspiration au développement, au progrès, à l'élévation du niveau culturel, au dépassement des replis ethniques, confessionnels ou tribaux. Il a également soutenu une vision réformiste de l'Islam préconisant la tolérance religieuse et le refus du confessionnalisme obtus. Dans sa lutte contre, d'une part, le conservatisme et le totalitarisme de ceux qui ont pris la religion en otage – et qui se sont nourris des revers du nationalisme en exploitant les sentiments d'aigreur et d'injustice des peuples humiliés – et, d'autre part, les adeptes d'une occidentalisation forcenée conduisant à la fois au reniement de soi et à la soumission au nom d'une imitation aveugle des modèles idéologiques marxistes ou prétendument progressistes à la mode dans une certaine intelligentsia occidentale, le nationalisme arabe a représenté l'exemple du juste milieu et un futur possible d'un monde arabe qui – malgré les échecs – n'en a pas encore fini avec l'Histoire. Ceux qui se désolent, sincèrement ou non, de la montée en puissance, depuis les années quatre-vingt du XXe siècle,

---

1. GHALIOUN, Burhan. « L'arabisme par delà nationalisme et islamisme » in *Confluences Méditerranée*, n° 61, printemps 2007, p. 101-117.

des groupes extrémistes instrumentalisant la religion, sont souvent les mêmes qui, prisonniers d'idéologies coupées des réalités nationales, ont multiplié les attaques et les coups contre le nationalisme qui est pourtant la branche crédible de l'alternative face à l'intégrisme dont le projet n'est finalement qu'un retour en arrière.

Aujourd'hui, quand on parle de nationalisme, on confond trop souvent le nationalisme avec des idéologies sectaires, racistes ou fanatiques, ou encore avec l'impérialisme qui précisément nie la souveraineté et l'identité propre de chaque nation. Le nationalisme est, tout simplement, un système de pensée renvoyant à la réalité du fait national, irremplaçable et indépassable. Organisant la réflexion sur l'homme autour du concept de nation, le nationalisme prend en considération l'homme concret et non l'individu abstrait. Certains ont cru pouvoir avancer l'idée que le nationalisme arabe était dû à l'influence de la pensée européenne[1], il serait en quelque sorte un avatar de la montée en puissance du principe des nationalités au xix$^e$ siècle. C'est faire peu de cas du fait que les Arabes ne sont pas entrés dans l'Histoire à cette époque, mais qu'ils ont un passé millénaire prestigieux au nom duquel, après une longue période de domination et d'humiliation, ils ont naturellement voulu retrouver leur dignité et leur place sur la scène internationale.

À partir de la *Nahda* et surtout au début du xx$^e$ siècle, est né un mouvement national arabe qui a conduit à un panarabisme suggérant que les habitants des territoires à majorité arabophones constituassent une seule nation ou, du moins, exprimassent une forte solidarité débouchant sur des coopérations concrètes. En vérité, le nationalisme arabe a conçu la vision d'un destin commun et il a été l'expression de l'aspiration d'une civilisation à reprendre sa place dans l'Histoire. En fin de compte, il a constitué la tentative la plus sérieuse pour faire entrer la nation arabe dans le monde moderne par la grande porte et lui donner un projet d'avenir à la mesure du passé glorieux de sa civilisation. Plus qu'une option pour un modèle politique, le nationalisme arabe a été un choix existentiel. Quelle qu'ait été l'ampleur des échecs, dus à l'acharnement des coups portés par les ennemis des Arabes et, parfois, aux erreurs commises, le

---

1. Par exemple, THOMAS, Bertram. *The Arabs*. Londres, Thornton Butterworth LTD., 1937, 372 p.

nationalisme continue à représenter pour une bonne partie du monde arabe un avenir possible[1] et, en tout cas, moins médiocre que le présent actuel. Par conséquent – et, sans doute plus qu'un intégrisme sectaire n'offrant qu'une mauvaise caricature de l'Islam – il incarne une espérance.

---

[1]. Ainsi, a-t-on remarqué de nombreux slogans nationalistes arabes lors des manifestations place Tahrir au Caire (voir la photo de couverture) en 2011, et le candidat nassérien, nationaliste arabe, Hamdin Sabahi a pratiquement fait jeu égal avec le candidat des Frères musulmans (Mohammed Morsi) et celui de l'armée (Ahmad Chafik) lors de l'élection présidentielle de mai 2012.

# BIBLIOGRAPHIE

1. En français

ABOU-RJAILI, Khalil. « Boutros al Boustani, 1819-1883 » in Perspectives : revue trimestrielle d'éducation comparée. Paris, UNESCO, vol. XXIII, n° 1-2, 1993, p. 125-134.

AFLAK, Michel. « Commémoration du Prophète arabe ». Le Ba'th et le patrimoine, traduit de l'arabe. Bagdad, Dar al Mamoun, 1982.

– Choix de textes de la pensée du fondateur du parti Ba'th. Genève, 1977.

– Le point de départ, trad. en français, 1978.

ARSLAN, Chékib et El Djabri Ihsan bey. La Nation arabe. Revue mensuelle, politique, littéraire, économique et sociale. Oxford, Archive Éditions, 1988, 4 volumes (réédition complète de la revue 1930-1938).

EL-AYSSAMI, Chibli. Le parti Ba'th. L'étape de sa fondation, 1940-49, trad. en français, 1977.

AZOURY, Négib. Le réveil de la nation arabe dans l'Asie turque en présence des intérêts et des rivalités des puissances étrangères, de la curie romaine et du patriarcat œcuménique : partie asiatique de la question d'Orient et programme de la Ligue de la patrie arabe. Paris, Plon-Nourrit, 1905, 257 pages.

BAINVILLE, Jacques. Le coup d'Agadir et la guerre d'Orient. Paris, Nouvelle librairie nationale, 1913.

BALTA Paul. « La politique arabe et musulmane de la France » in Confluences Méditerranée, n° 22, été 1997.

BERQUE, Jacques. Les Arabes. Paris, Sindbad, 1979.

GÉNÉRAL Brémond, Édouard. Le Hedjaz dans la guerre mondiale. Paris, Payot, 1931.

EL-CHIDIAC, Farès Ahmed. La vie et les aventures de Fariac ; relation de ses voyages, avec ses observations critiques sur les arabes et sur les autres peuples. Paris, B. Duprat, 1855, trad. de l'arabe, Kitab al-Saq ala al-Saq fi ma huwa al-Faryaq.

CLOAREC, Vincent. La France et la question syrienne. Paris, CNRS éditions, 1988.

COLOMBE, Marcel. Orient arabe et non-engagement. Paris, Publications orientalistes de France, 1973, 2 vol., 279 et 247 pages.

DAKHLI, Leyla. Une génération d'intellectuels arabes. Syrie et Liban (1908-1940). Paris, Karthala, 2009.

Dupont, Anne-Laure. Ǧurǧī Zaydān (1861-1914), écrivain réformiste et témoin de la Renaissance arabe. Damas, Institut Français du Proche-Orient, 2006.

– « Nahda, la renaissance arabe » in Le Monde Diplomatique, août 2009.

Farah, Elias. Le mouvement de libération arabe face au fascisme, trad. en français. Paris, 1975.

– Évolution de l'idéologie arabe révolutionnaire, trad. en français, Parti Baas Arabe et Socialiste, 1978.

– La pensée arabe révolutionnaire face aux défis contemporains, trad. en français, Parti Baas Arabe et Socialiste, 1978.

Hourani, Albert. La pensée arabe et l'occident, trad. de l'anglais [1962]. Paris, Naufal, 1991.

el-Housri, Sati. « L'idée de nation dans les pays arabes, du début du XIX$^e$ siècle à la création de la ligue des États arabes », trad. de l'arabe, in Orient, n° 21, 1$^{er}$ trimestre 1962 ; n° 26, 2$^e$ trimestre 1963, n° 27, 3$^e$ trimestre 1963.

Jung, Eugène. Les Puissances devant la révolte arabe. La crise mondiale de demain. Paris, Hachette, 1906, p. 24-27.

– La révolte arabe, de 1906 à la révolte de 1916. Paris : Librairie Colbert ch. Bohrer, 1924.

Kalisky, René. L'Islam, origine et essor du monde arabe [Paris, 1968]. Verviers, Marabout, 1980, 2$^e$ édition.

Kawakibi, Salam. « Un réformateur et la science ». Le courant réformiste musulman et sa réception dans les sociétés arabes. Damas : Institut Français du Proche-Orient, 2003.

Khairallah, Khairallah T. Le problème du Levant ; les régions arabes libérées, Syrie-Irak-Liban. Paris, Ernest Leroux, 1919.

Khoury, Gérard. La France et l'Orient arabe : Naissance du Liban moderne, 1914-1920. Paris, Armand Colin, 1994.

Laurens, Henry. L'Orient arabe : arabisme et islamisme de 1798 à 1945. Paris : Armand Colin, 1993.

Mantran, Robert, dir. Histoire de l'Empire ottoman. Paris : Fayard, 1989.

Massignon, Louis. « Éléments arabes et foyers d'arabisation ». Revue du monde musulman, 1924, volume LVII, p. 104.

Moussa, Suleiman. Songe et mensonge de Lawrence, trad. de l'arabe. Paris, Sindbad, 1973.

Rabbath, Edmond. Unité syrienne et devenir arabe. Paris, Marcel Rivière et Cie, 1937.

Raymond, Jean. L'origine des Wahabys, Bagdad, 1806. Réédition : Mémoire sur l'origine des Wallabies, sur la naissance de leur puissance et sur l'influence dont ils jouissent comme nation. Le Caire : Institut français d'archéologie orientale, 1925.

Rida, Rachid. Le califat ou l'Imama suprême, traduction annotée d'Henri Laoust. Beyrouth, 1938. Réédition : Paris, Adrien Maisonneuve, 1986.

Saint-Prot, Charles. Les mystères syriens. Paris, Albin Michel, 1984, trad. en arabe, Le Caire, 1986.

– Le nationalisme arabe, alternative à l'intégrisme. Paris. Ellipses, 1995, trad. en arabe, Alger, 1996.

– Histoire de l'Irak. Paris, Ellipses, 1999.

– La politique arabe de la France. Paris, OEG-Études géopolitiques 7, 2006.

– Islam : l'avenir de la Tradition entre révolution et occidentalisation, Paris-Monaco, Le Rocher, 2008, trad. en arabe et en anglais, éditions de la Bibliothèque du Roi Abdelaziz, Riyad, 2010.

– La tradition islamique de la réforme. Paris, CNRS éditions, 2010, trad. en arabe, Le Caire, 2012.

– Mohammed V ou la monarchie populaire. Paris-Monaco, Le Rocher, 2012.

– « Le congrès général arabe de Paris, 18-21 juin 1913 » in recueil Commémorations nationales pour l'année 2013. Paris, Ministère de la Culture, 2013.

Al Samarraï, Chafic. Le parti Baas arabe socialiste. Madrid, 1982.

Samné, Georges. La question syrienne. Paris, Comité de l'Orient, 1918.

el-Shalabi, Jamal, Mohammed H. Heikal entre le socialisme de Nasser et l'infitah de Sadate. Paris, l'Harmattan, 2001.

el-Tahtawi, Rifa'a. L'Or de Paris [1834]. Paris, Sindbad, 1988.

– L'émancipation de la femme. Beyrouth : al Bouraq, 2000.

Tawalba, Hassan. Le Baas et la Palestine, trad. de l'arabe (Al Baas wa Falestine). Bagdad, Dar al Mamoun, 1982.

el-Tibi, Zeina. L'islam et la *femme*. Paris, Desclée de Brouwer, 2013.

## 2. Arabe et autres langues

Aflak, Michel. *Fi Sabil al-Ba'th* [Sur le chemin du renouveau, 1959]. Beyrouth, Dar al alīa li-l-ibāa wa al Nasser, 20ᵉ éd., 1978.

Aflak, Michel. *Ma'rakat al-maīr al-wāed* (La bataille du destin commun). Beyrouth, Dar al Adāb, 1963.

Arslan, Chékib. *Al Wahda al Arabyia* (l'unité arabe). Damas, 1937.

Arslan, Chékib. *Limadha ta'akhara al-mouslimoun wa taqaddama ghayrouhom?* Le Caire, 1939.

Antonius, George. *The Arab Awakening. The Story of the Arab National movement.* Londres : Hamish Hamilton, 1938.

el-Alayili, Abdallah. *Destour al Arab al Qawmi* (La Constitution nationale des Arabes). Beyrouth, 1941.

Bazzaz, Abd el Rahman. *Al islam wa al Qaoumiya al Arabiya* (L'Islam et le nationalisme arabe). Bagdad, 1952.

Beshara, Adel. *Syrian Nationalism. An Inquiry into the Political thought of Antun Sa'ade.* Beyrouth, Bissan, 1995.

Chaouket (ou Shawkat), Sami. *Hadhihi ah dafuna* (Tels sont nos buts). Bagdad, 1939.

Choueiri, Youssef M. *Arab Nationalism, an History.* Oxford : Blackwell pub., 2000.

Cleveland, William L. *The Making of an Arab Nationalist : Ottomanism and Arabism in the Life and Thought of Sati Al-Husri.* Princeton University Press, 1972.

Haim Sylvia G. *Arab nationalism An Anthology.* Berkeley and Los Angeles, University of California Press, 1962.

Hitti, Philip K. *History of the Arabs*, New York, 1937.

el Housri, Sati. *Ara wa ahadith fi al wataniya wa al qaoumiya* (Opinions et déclarations sur le patriotisme et le nationalisme). Le Caire, 1944.

– *Ma hīya al qaoumiyya?* (Qu'est-ce que le nationalisme?). Beyrouth, 1959.

– *Fī al waanīyya wa al qawmīyya* (*Du patriotisme et du nationalisme*). Beyrouth, Dar al-'Ilm li-l-Malaiyn, 4$^e$ éd., 1961.

el-Husri, Sati. *The Day of Maysalun : A Page from the Modern History of the Arabs,* tr. Sidney Glazer. Washington, DC, Middle East Institute, 1966.

Hussein, Taha. "Al Oudaba houm bounat al qaoumiya al arabyia" (Les intellectuels sont les bâtisseurs du nationalisme arabe) in *Al Adab,* Beyrouth, janvier 1958.

Khadduri, Majid. *Arab Contemporaries, the Roles of Personalities in Politics.* Baltimore, John Hopkins University Press, 1973.

Khalidi, Rachid. *British Policy towards Syria and Palestine, 1906-1914.* Londres, Ithaca Press, 1980.

Khalidi, Rachid, ed. *The Origins of Arab Nationalism.* New York, Columbia University Press, 1991.

Khoury, Philip S. *Urban Notables and Arab nationalism : The Politics of Damascus 1860-1920.* Cambridge, Cambridge University Press, 1983.

Kurd'Ali, Mohammed. *Al Islam wa al hadara al arabiya* (L'Islam et la civilisation arabe). Le Caire, 1934, 2 vol.

Nasser, Gamal Abdel. *Falsafat al Saoura* (Philosophie de la révolution). Le Caire, 1954.

Rentz, George S. *Birth of the Islamic Reform Movement in Saudi Arabia : Muhammad b. 'Abd al-Wahhab (1703/4-1792) and the Beginnings of Unitarian Empire in Arabia*. Riyad, King Abdulaziz Public Library, 2004.

Shawkat, voir Chaouket.

el-Rihani, Amin. *Muluk al-`arab*. Traduit en anglais sous le titre *Maker of Modern Arabia*. Londres, Constable and Co, 1928.

– *Al Qawmiyat* (Nationalismes). Beyrouth, The Rihani Printing and Publishing House, 1956 [posth.].

Tibi, Bassam. *Arab nationalism, Between Islam and the Nation-State*, trad. de l'allemand. Palgrave Macmillan, 3ᵉ edition, 1997.

Zeine, Zeina N. *Arab-Turkish Relations and the Emergence of Arab Nationalism*, Beyrouth, 1958.

Zurayq, Constantin. *Al-Wa'y al Qawmi* (Le réveil de la nation arabe). Beyrouth, Dar Al-Makshouf, 1940.

## Sites Internet

De nombreux textes (en arabe, anglais et français) de Michel Aflak sont en ligne sur : http://albaath.online.fr.

# DOCUMENT

## À LA MÉMOIRE DU PROPHÈTE ARABE[1]
## par MICHEL AFLAK

### La personnalité arabe entre le passé et le présent

À l'occasion de pareilles cérémonies, il me vient toujours à l'esprit la question suivante : quelle est la valeur du langage ? Jamais tout au long de notre histoire nous n'avons connu une période où le langage fut aussi abondant et puissant. Pourtant notre époque est la moins dynamique et la moins productive de toutes. Est-ce à dire que le langage est un facteur paralysant et stérilisant au lieu d'être stimulation et fertilisation de l'esprit ? Il y a une différence essentielle entre le discours qui s'harmonise avec son auteur, qui exprime la substance d'une personnalité vivante et sa position globale face à la vie et celui qui n'a aucun lien avec la personnalité, qui ne représente qu'un divertissement de l'intellect et une gymnastique de la langue. Jadis, les mots influaient grandement sur les Arabes parce qu'ils correspondaient à des vérités palpitantes de vie. C'était le cœur qui les percevait et non l'oreille, la personnalité tout entière qui y répondait et non uniquement la langue. C'est pourquoi le mot avait un caractère sacré et valeur d'engagement, il engageait la vie – celle de l'individu comme

---

1. *Ikrā al Rassoul al arabi*. Discours prononcé à l'Université de Damas, le 5 avril 1943. Ce texte est reproduit d'après la traduction proposée sur le site albaath. online. fr, sous l'autorité de M. Iyad Aflak. Lien : http://albaath.online.fr/Francais/index-Francais.htm.

celle de la collectivité – et en disposait. Or ce mot qui, à l'image du papier monnaie, avait une parité or, est devenu aujourd'hui une simple coupure de papier sans aucune couverture.

Aussi voyons-nous un esprit pauvre, jusqu'à la nullité, parvenir à noyer tout ce qui l'entoure dans un flot de paroles, sans que personne n'exige de caution. Il n'est donc pas étonnant de voir la confiance disparaître, la confusion régner, les fraudes et les spéculations se multiplier, et partant, les faillites et les scandales.

Nous nous trouvons actuellement devant une cassure, voire une contradiction, entre notre passé glorieux et un présent honteux. Jadis, la personnalité arabe était un tout unifié, sans dissonance aucune entre l'âme et la pensée, l'acte et la parole, la morale individuelle et l'éthique collective. La vie arabe était au faîte de la plénitude, et la pensée, l'action, tous les instincts puissants s'y conjuguaient harmonieusement. Aujourd'hui, nous ne connaissons qu'une personnalité divisée et morcelée, qu'une vie pauvre et partielle. Lorsque l'esprit domine, l'âme est absente et lorsque les sentiments foisonnent, la pensée est vide : tantôt intellectuelle et stérile, tantôt active et irréfléchie, cette vie est constamment privée de certaines forces essentielles. Il est grand temps d'éliminer cette contradiction afin de rendre à la personnalité arabe son unité et à la vie arabe sa plénitude. Il faut joindre la prière à l'esprit éclairé et à la force du bras afin, qu'ils aboutissent ensemble à l'action spontanée et libre, riche, puissante et judicieuse.

Jusqu'ici les liens qui nous unissent à nos ancêtres héroïques ont toujours été ceux d'une simple filiation officielle et la relation entre notre histoire contemporaine et notre passé glorieux une relation routinière non organique. À présent, il nous incombe de ranimer nos vertus naturelles et d'entreprendre les actions qui sont de nature à valider notre filiation officielle et à en faire une réalité légitime. Il nous faut lever, autant que possible, les obstacles nés de la stagnation et la décadence afin qu'un sang noble et glorieux coule de nouveau dans nos veines. Il faut enfin purifier notre terre et notre esprit pour que l'âme de nos héroïques aïeux ne soit plus effarouchée, qu'elle descende sur nous et se plaise à nous envelopper.

Nous avons longtemps vécu dans une atmosphère lourde et étouffante parce que fallacieuse : il y avait un divorce entre la pensée et les actes, entre la langue et le cœur. Chaque mot prononcé résonnait comme dans un récipient vide et creusait une cavité dans l'oreille et dans l'âme parce qu'il était dépouillé de toute signification. Chaque mot lu faisait frémir nos yeux de douleur parce qu'il avait l'apparence d'un fantôme et d'une ombre, qu'il évoquait une époque révolue et qu'il nous attristait comme la vue des traces d'un campement abandonné. Il faut donc que nous rendions aux mots leur signification et leur force, leur place et leur caractère sacré.

Il faut désormais que chaque parole relate un acte accompli, au lieu de se borner à évoquer ce que nous avons été incapables de faire. Il faut enfin que nous ne parlions que de ce que nous pouvons concrétiser jusqu'au jour où nous serons à même de réaliser tout ce que nous dirons.

## L'Islam, une expérience et une prédisposition constante

L'Islam, incarné dans la vie du Prophète, n'est pas aux yeux des Arabes un simple événement historique qu'on expliquerait en termes de temps et d'espace, de causes et d'effets. C'est un mouvement si profond, si impétueux et si vaste qu'il est directement lié à la vie intrinsèque des Arabes prise dans l'absolu. Autrement dit, c'est une image fidèle et un symbole complet et éternel de la nature, des riches possibilités et de l'orientation authentique de l'âme arabe. C'est pourquoi, nous pouvons considérer qu'il est constamment apte à se renouveler, non pas dans sa forme et dans sa lettre, mais dans son essence.

L'Islam est l'élan vital qui actionne les forces latentes de la Nation arabe et qui fait que s'y déchaîne la vie ardente qui emporte les barrages du conservatisme et les entraves du conventionnalisme pour rétablir le lien avec les notions profondes de l'univers. Prise de saisissement et d'enthousiasme, la Nation traduit ses sentiments en concepts nouveaux et en actions glorieuses. Puis, emportée par son exaltation au-delà de ses propres limites, elle déborde sur les autres nations tant sur le plan de la pensée que sur celui de l'action et atteint à la globalité. Grâce à cette expérience éthique cruciale, les Arabes surent s'insurger contre leur réalité ancienne et la dépasser pour réaliser une unité suprême, et ils s'en imprégnèrent afin de découvrir ses possibilités et consolider ses vertus. En outre, si l'Islam a engendré par la suite nombre de conquêtes et de civilisations, il les contenait en germe durant les vingt premières années de sa mission. Avant de conquérir la terre, les Arabes ont conquis leur âme, exploré ses profondeurs et étudié sa nature intrinsèque. Avant de gouverner les nations, ils se sont gouvernés eux-mêmes, ont dominé leurs passions et maîtrisé leur volonté. S'ils ont développé des sciences, excellé dans les arts et érigé une civilisation, ce ne fut que la concrétisation matérielle et partielle d'un rêve puissant et total qu'ils vécurent en ces années-là de tout leur être. Ce ne fut qu'un écho assourdi de cette voix céleste qu'ils entendirent ; qu'une ombre pâle de cette vision fascinante qu'ils entrevirent au temps où les anges guerroyaient à leurs côtés et que le paradis scintillait entre les lames de leurs épées.

Cette expérience représente non pas un fait historique que l'on évoque dans le but d'en tirer enseignement et fierté, mais c'est une prédisposition constante de la nation arabe – pour autant que l'Islam soit compris dans sa vérité – à se soulever et à se mobiliser chaque fois que la matière dominera l'esprit et l'apparence l'essence, afin d'accéder à l'unité suprême et à une saine cohésion. En outre, cette expérience sert à raffermir sa morale chaque fois qu'elle se relâche et à approfondir son âme chaque fois qu'à se relâcher et à se montrer superficielle. Enfin, c'est en elle que se répète l'héroïque épopée de l'Islam dans toutes ses étapes : de la Révélation à l'oppression, de l'exil à la guerre, en passant par la victoire et l'échec jusqu'au dénouement final, dans le triomphe de la vérité et de la foi.

## La vie du Prophète, quintessence de la vie arabe

La vie du Prophète, qui incarne l'âme arabe dans sa vérité absolue, ne peut être appréhendée par l'intellect seul. Pour la connaître, il faut en faire l'expérience vivante. C'est pourquoi, il est impossible que cette connaissance soit un point de départ. Elle constitue un aboutissement.

Depuis que leur vitalité s'est émoussée, c'est-à-dire depuis des siècles, les Arabes lisent la biographie de Mohammed et se plaisent à la célébrer sans la comprendre. Car cette compréhension exige un degré extrême de bouillonnement de l'âme, une profondeur et une sincérité de sentiments qu'ils ne possèdent pas encore, et une attitude existentielle plaçant l'homme face à son destin. Or, ils sont on ne peut plus loin de cet état.

Nous avons oublié l'âme de nos héros depuis bien longtemps car l'héroïsme ne figure plus parmi les qualités courantes des Arabes. Il est à craindre que la glorification populaire du grand Prophète ne soit l'expression de l'impéritie et de l'incapacité plutôt qu'une juste appréciation de la grandeur. Nous avons perdu la notion d'héroïsme, si bien que nous le considérons aujourd'hui avec effroi et ahurissement comme s'il appartenait à un autre monde. Or, la véritable glorification de l'héroïsme doit découler d'une participation effective et d'une juste appréciation résultant de l'expérience et de la souffrance. Seul celui qui aura été capable dans sa vie, ne fût-ce que d'un grain d'héroïsme, pourra apprécier le héros.

Jusqu'ici, nous avons toujours observé la vie du Prophète de l'extérieur, comme on observerait une image merveilleuse destinée à l'admiration et à la sanctification. Mais nous devons commencer par la contempler de l'intérieur, afin de la revivre. Chaque Arabe aujourd'hui est capable de revivre la vie du Prophète, ne fût-ce que dans la proportion d'un caillou par rapport à la montagne, d'une goutte d'eau par rapport à l'océan. Il est tout à fait normal qu'un homme, aussi grand soit-il, s'avère incapable d'accomplir une œuvre comparable à celle du Prophète. Cependant, il n'est pas moins normal qu'une personne, aussi limitées que soient ses capacités, puisse être un modèle infiniment réduit de Mohammed, dès lors qu'elle appartient à une nation qui a rassemblé toutes ses forces pour produire Mohammed ou plus exactement puisqu'il appartient à la nation que Mohammed a rassemblé toutes ses forces pour l'engendrer. Jadis, la vie d'un seul homme a résumé la vie de toute sa nation ; il faut qu'aujourd'hui toute la vie de cette nation, dans sa renaissance nouvelle, soit le déploiement de la vie de son grand homme. Autrefois, Mohammed a personnifié tous les Arabes ; aujourd'hui tous les Arabes doivent incarner Mohammed.

## L'Islam, renouvellement et plénitude de l'arabisme

Un Arabe reçut un jour un message céleste et se mit à le prêcher à l'humanité qui, autour de lui, se composait d'Arabes. Un petit nombre d'entre eux répondit à son appel, mais la majorité y résista. Il émigra donc avec les croyants et fut combattu par les polythéistes, jusqu'au jour où la vérité triompha et que tout le monde y crut. L'épopée de l'Islam ne peut être dissociée de son cadre naturel, la terre arabe, ni de ses héros et de ses artisans, c'est-à-dire tous les Arabes. Les polythéistes koraïchites furent aussi nécessaires à l'instauration de l'Islam que les croyants ; et ceux qui combattirent le Prophète contribuèrent au triomphe de l'Islam autant que ceux qui l'appuyèrent. Dieu aurait pu révéler le Coran à son Prophète en un seul jour, mais la Révélation nécessita, plus de vingt années. Il aurait pu faire triompher sa religion et en éclairer le monde en un seul jour, mais cela ne s'accomplit pas en moins de vingt années. Il aurait pu faire apparaître l'Islam des siècles avant son apparition et dans n'importe laquelle des nations qu'il créa, mais il lui donna le jour, à une époque déterminée et en son temps, et choisit la nation arabe et son héros le Prophète. Il y a une sagesse en cela. En effet, il est une vérité éclatante que seuls les obstinés arrogants peuvent nier : les Arabes furent choisis pour transmettre le message islamique en raison de qualités et de vertus qui leur sont inhérentes ; et l'époque qui a vu naître l'Islam fut choisie parce que les Arabes avaient atteint la maturité et la plénitude nécessaire pour recevoir un tel message et pour le transmettre à l'humanité ; enfin, si le triomphe de l'Islam fut retardé aussi longtemps, ce fut pour que les Arabes parvinssent à la vérité par leurs propres efforts, leur expérience d'eux-mêmes et du monde, à travers les tribulations et la souffrance, le désespoir et l'espérance, l'échec et le triomphe. Autrement dit, il fallait que la foi jaillît du plus profond de leur âme pour être une foi authentique, forgée dans l'expérience et intimement liée à la vie.

L'Islam fut donc un mouvement arabe qui avait pour signification le renouvellement et la plénitude de l'arabisme. La langue dans laquelle il fut révélé était la langue arabe, sa compréhension des choses s'inscrivait dans la perspective de l'esprit arabe, les vertus qu'il affirmit étaient des vertus arabes, fussent-elles apparentes ou cachées, enfin les défauts qu'il combattit étaient également des défauts arabes en voie de disparition. Quant au musulman d'alors, il n'était autre que l'Arabe, mais l'Arabe nouveau, évolué et mûr. Et de même que nous désignons aujourd'hui par « patriote » ou « nationaliste » une certaine catégorie d'hommes qui ont cru dans la cause de leur pays parce qu'ils ont réuni les conditions et les vertus indispensables à une prise de conscience de leur étroite appartenance à leur nation et pour assumer la responsabilité de cette appartenance – alors que l'ensemble de la nation est censé être nationaliste –, de même le musulman fut l'Arabe qui crut dans la religion nouvelle parce qu'il réunit les conditions et les vertus qui lui étaient nécessaires pour comprendre que cette religion symbolise l'élan de l'arabisme vers l'unité, la force et le progrès.

### L'humanisme de l'Islam

Cependant, cela signifie-t-il que l'Islam a été destiné exclusivement aux Arabes ? Une telle assertion s'éloignerait de la vérité et contredirait la réalité. Toutes les nations sont grandes ; toutes sont profondément liées aux notions immuables de l'univers, et aspirent de par leur nature aux valeurs éternelles et universelles. L'Islam qui traduit au mieux la quête d'éternité et d'universalité de notre nation, est arabe de fait et humaniste d'aspiration. Sa mission n'est autre que la création d'un humanisme arabe.

Les Arabes se distinguent des autres peuples par cette particularité : leur éveil national s'accompagna d'un message religieux ou plutôt ce message fut le révélateur de leur éveil. Ils ne s'étendirent pas pour le plaisir de s'étendre et ne conquirent ni ne gouvernèrent des pays sur la base d'un pur besoin économique, d'un prétexte racial ou d'une volonté de domination et d'asservissement. Ils entendaient remplir un devoir religieux fait de vérité, d'exhortation au bien, de miséricorde, de justice et de générosité. Ils y souscrivirent spontanément, glorifiant le nom d'Allah et pour lui versèrent leur sang. Dès lors, tant que la corrélation demeurera étroite entre l'arabisme et l'Islam, tant que nous considérons l'arabisme comme un corps dont l'âme est l'Islam, il n'y aura pas lieu de craindre que les Arabes outrepassent les limites de leur nationalisme qui ne tombera jamais dans l'injustice et l'impérialisme.

Certes, les Arabes ne peuvent remplir ce devoir que s'ils forment une nation forte et ascendante. Car l'Islam ne saurait prendre corps que dans la nation arabe, dans ses vertus, ses principes et ses talents. Par conséquent, la première obligation imposée par l'humanisme de l'Islam est que les Arabes soient forts et maîtres de leur destin.

L'Islam est un être vivant aux traits et aux contours bien distincts. Or l'être vivant qui occupe une place élevée dans l'échelle de la vie ne peut être deux choses à la fois, ni avoir deux significations à la fois. L'Islam est universel et éternel mais son universalité ne va pas jusqu'à englober à la fois toutes les significations et toutes les orientations ; elle signifie qu'à chaque phase cruciale de l'histoire, qu'à chaque étape déterminante de l'évolution, il révèle une des significations infinies qu'il recèle dès l'origine.

Il ne faut pas entendre par immortalité de l'Islam qu'il est figé, réfractaire à tout changement ou mutation et que la vie le survole sans le toucher, mais que tout en se dépouillant continuellement des formes dont il s'est enveloppé, il conserve les mêmes racines et la même et invariable aptitude à se développer, engendrer et innover. Déterminé par un temps et un lieu précis, il possède à l'intérieur de ses limites spatio-temporelles un sens et une portée absolus.

Je me demande si tous les zélés qui veulent faire de l'Islam un sac propre à contenir tout et n'importe quoi, une usine à même de produire toutes sortes de composés chimiques et médicamenteux, se rendent compte qu'au lieu de confirmer la force de l'Islam et de préserver sa pensée de tout changement contingent, ils anéantissent par là son âme et sa personnalité, le dépouillent de ses caractéristiques vivantes et de son indépendance. Ils permettent par ailleurs aux instigateurs de l'injustice et aux détenteurs du pouvoir oppressif d'y puiser les armes qui leur serviront à discréditer sa substance même : la nation arabe.

Ainsi donc, la signification apportée par l'Islam en cette période historique cruciale, à ce stade déterminant de notre évolution, est la nécessité d'orienter tous les efforts vers le renforcement et la « régénération » des Arabes, et de les concentrer dans le nationalisme arabe.

## Les Arabes et l'Occident

Ce fut Bonaparte qui, il y a un siècle et demi, rétablit le contact entre l'Occident et les Arabes par sa campagne contre l'Égypte. Il eut la ruse d'exprimer symboliquement ce lien en faisant accrocher des tablettes sur lesquelles figuraient côte à côte les versets du Coran et les droits de l'homme. Depuis lors, les Arabes (ou les chefs d'État étrangers à l'arabisme) n'ont cessé de pousser leur renaissance contemporaine dans cette voie douteuse. Ils se sont donnés beaucoup de mal à déformer leur histoire et le texte même du Coran pour démontrer que les principes de leur civilisation et de leur doctrine ne diffèrent pas de ceux de la civilisation occidentale et qu'ils ont même devancé les occidentaux dans la proclamation et l'application de ces principes. Cela ne signifie qu'une seule chose, à savoir que les Arabes se placent face à l'Occident dans la position de l'accusé et reconnaissent la justesse et la supériorité de ses valeurs. Il est un fait indéniable que la civilisation occidentale a envahi l'esprit arabe au moment où celui-ci, tari, était devenu un contenant sans contenu, permettant ainsi à cette civilisation de remplir le vide existant par ses concepts et ses notions. Du reste, les Arabes n'ont pas tardé à se rendre compte que leur opposition aux Européens était alimentée par ce que ces derniers eux-mêmes préconisaient et que s'il y avait une différence entre eux, elle était d'ordre quantitatif, comme celle qui va de l'infiniment petit à l'infiniment grand, de l'archaïsme au progrès. Bientôt, ils aboutiront à la conclusion logique de cette orientation, à savoir que la civilisation européenne peut très bien les dispenser de la leur. La ruse du colonialisme européen a consisté non pas à orienter la mentalité arabe vers la reconnaissance des principes et des concepts éternels puisque cette mentalité les reconnaît et repose sur eux depuis sa naissance, mais à tirer parti de l'immobilisme de l'esprit arabe et de son incapacité de créer pour le contraindre à adopter le contenu proprement européen de ces concepts. Ce n'est pas sur le principe même de la liberté que nous différons avec les européens, mais sur leur conception de la liberté.

Aujourd'hui comme hier, l'Europe redoute l'Islam. Cependant, elle sait qu'à présent la force de cette religion qui symbolisa jadis la puissance des Arabes est régénérée et qu'elle a revêtu un nouvel aspect : le nationalisme arabe. C'est pourquoi elle dirige contre cette nouvelle force toutes ses armes pendant qu'elle fraternise et coopère avec la forme archaïque de l'Islam. En effet, l'Islam cosmopolite qui se limite à l'adoration superficielle de Dieu et aux généralités ternes est en train de s'occidentaliser. Un jour viendra où les nationalistes se retrouveront seuls à défendre l'Islam et se verront contraints d'y insuffler une signification particulière afin de permettre à la nation arabe de garder une raison d'être valable.

### L'honneur d'être arabe

Parmi ces concepts européens qui ont envahi l'esprit contemporain, il y a deux idées relatives au nationalisme et à l'humanisme qui sont erronées et extrêmement dangereuses. Il est logique que le nationalisme abstrait de l'Occident dissocie nationalisme et religion. En effet, la religion leur étant parvenue de l'extérieur, elle est étrangère à la nature et à l'histoire de l'Europe. Quintessence de la doctrine supraterrestre et de l'éthique, elle ne fut pas révélée dans les langues nationales de l'Europe, elle n'exprima pas le besoin propre à son environnement et ne se confondit pas avec son histoire. Quant à l'Islam, il ne représente pas pour les Arabes une doctrine supraterrestre unique. Il n'est pas non plus une éthique pure mais la manifestation la plus claire de leur conscience de l'univers et de leur vision de la vie, l'expression la plus forte de l'unité de leur personnalité dans laquelle la parole fusionne avec le cœur et l'esprit, la méditation avec l'action, l'âme avec le destin. Bien plus encore, l'Islam est la plus belle illustration de leur langue et de leur littérature, le chapitre le plus volumineux de leur histoire nationale. Il n'est donc pas possible de célébrer un de nos héros immortels en tant qu'Arabe et de l'ignorer ou de la rejeter en tant que musulman. Notre nationalisme est un organisme vivant aux membres emmêlés : toute dissection de ce corps et toute dissociation de ses organes lui est fatale.

En conséquence, le lien qui unit l'Islam à l'arabisme n'a aucune similitude avec celui qui existe entre d'autres religions et d'autres nationalismes. Un jour, lorsque leur nationalisme sera pleinement épanoui et qu'ils renoueront avec leur caractère original, les Arabes chrétiens sauront que l'Islam représente pour eux une culture nationale dont ils devront s'imprégner afin de la comprendre, de l'aimer et de la protéger en tant qu'aspect le plus précieux de leur arabisme. Et si la réalité est encore loin de ce vœu, il incombe à la nouvelle génération d'Arabes chrétiens d'œuvrer avec courage et abnégation pour le réaliser, sacrifiant à cette fin leur orgueil et leurs intérêts. En vérité, il n'est rien de tel pour eux que l'arabisme et l'honneur d'y appartenir.

## L'humanisme abstrait

Quant au deuxième danger il réside dans l'humanisme abstrait à l'européenne dont la conséquence profonde est de considérer les peuples comme des conglomérats humains figés et monolithiques, sans racines avec la terre et qu'il est ainsi possible d'appliquer à l'un d'eux les réformes et les changements issus des besoins et des prédispositions d'un autre.

Cela dit, les théoriciens des révolutions économiques et sociales se figurent-ils qu'en accrochant des fruits de cire sur un bois mort ils lui insuffleront la vie et en feront un arbre vivant ? Il ne suffit pas que les théories et les réformes soient plausibles en elles-mêmes. Elles doivent être les rameaux vivaces d'une vie plus générale qui les engendre et les nourrit. D'aucuns pensent aujourd'hui qu'il suffit de greffer diverses réformes sur la situation des Arabes pour ressusciter la nation. Pour notre part, nous estimons que ce phénomène est l'une des manifestations de la décadence, car il procède d'un renversement d'optique ; c'est prendre la partie pour le tout et l'effet pour la cause. En réalité, ces réformes qui ne sont que des conséquences, doivent émaner d'une cause première, comme la fleur de l'arbre. Et cette cause est avant tout psychologique : c'est la foi de la nation en son message, la foi de ses fils en elle. Dans l'Islam, la cause première fut la foi en un seul Dieu qui engendra toutes les réformes à l'origine de la mutation de la société arabe. Les premiers Musulmans étaient loin de se douter que leur adhésion à la croyance en un seul Dieu et en un jour dernier les amènerait à approuver par la suite toute la législation élaborée par l'Islam. Néanmoins, nous les voyons appliquer les lois islamiques spontanément, volontairement et logiquement parce que leur approbation seconde était virtuellement contenue dans l'adhésion première à la foi en un seul Dieu : tout ce que ce Dieu ordonne est juste et bon.

Quoique l'on dise de l'intervention des facteurs politiques et économiques dans la résistance des Koraïchites à l'Islam, il demeure que le facteur principal fut religieux, c'est-à-dire intellectuel. Et ceux qui, de nos jours, adoptent cette manière déformée d'envisager la religion, dans une perspective matérialiste, contredisent la réalité historique et la nature humaine d'une part, et dénient aux Arabes de l'autre, leur trait de caractère le plus précieux : l'idéalisme. Si les Koraïchites ont été contraints, pour des raisons matérielles, de conclure avec le Prophète la trêve d'Al-Hudaïbia, elle s'est obstinée à lui dénier sa révélation et sa religion nouvelle.

Tout cela met en évidence les raisons qui nous poussent à accorder une importance primordiale au sentiment national profond et lucide en tant que cause première. Car lui seul peut garantir des réformes sociales, dynamiques, effectives et audacieuses, conformes à l'esprit du peuple et à ses besoins, réalisables parce que souhaitées par lui.

## La nouvelle génération arabe

Nous célébrons aujourd'hui la mémoire du héros de l'arabisme et de l'Islam. Mais qu'est-ce que l'Islam sinon l'enfant de la douleur, la douleur de l'arabisme ! Cette douleur est revenue sur notre terre avec une intensité et une profondeur inconnues des Arabes de la *jahiliya*. Que ne fait-elle jaillir une révolution épurée et rectifiée, pareille à celle dont l'Islam a levé l'étendard. Seule la nouvelle génération arabe est capable de la mener et d'apprécier sa nécessité car les souffrances du présent l'ont préparée à brandir son drapeau et l'amour de sa terre et de son histoire lui a permis de discerner son essence et son orientation.

Nous, la génération arabe nouvelle, nous sommes porteurs d'un message et non d'une politique ; d'une foi et d'une doctrine et non d'idéologies et de paroles. Nous ne craignons pas cette clique anti-arabe, soutenue par les armes de l'étranger et mue par une haine raciste envers l'arabisme, car Dieu, la nature et l'histoire sont avec nous. Elle ne nous comprend pas car elle nous est étrangère, étrangère à la sincérité, à la profondeur et à l'héroïsme, fausse, artificielle, servile.

Seuls les éprouvés nous comprennent ainsi que ceux qui ont compris la vie de Mohammed de l'intérieur, en tant qu'expérience morale et destin historique. Seuls les esprits sincères nous comprennent, ceux qui, à chaque pas, se heurtent au mensonge et à l'hypocrisie, à la délation et à la calomnie, et qui poursuivent néanmoins leur chemin, redoublant d'ardeur. Seuls les affligés nous comprennent, eux qui ont forgé dans l'amertume de leur labeur et le sang de leurs blessures l'image de la vie arabe future que nous souhaitons heureuse et sereine, intense et ascendante, éblouissante de limpidité. Seuls les croyants nous comprennent, eux qui ont foi en Dieu. On ne nous verra peut-être pas prier avec les orants ou jeûner avec les abstinents ; néanmoins, nous croyons en Dieu car nous avons un besoin pressant de lui. Notre tâche est lourde, notre chemin est difficile et notre objectif est loin d'être atteint. Cette foi ne fut pas notre point de départ mais notre aboutissement. Nous l'avons acquise par la souffrance et les peines. Nous ne l'avons point héritée et elle ne nous a pas été léguée par la tradition. Ainsi est-elle pour nous un trésor précieux car elle nous appartient et est le fruit de nos labeurs.

Je ne crois pas qu'un jeune Arabe qui se rend vraiment compte des maux qui rongent le cœur de sa nation, et qui est conscient des dangers qui la menacent, à l'extérieur comme à l'intérieur, ces dangers qui mettent en péril l'avenir de l'arabité ; je ne crois pas que ce jeune Arabe qui a la conviction que la nation arabe doit continuer à vivre, qu'elle est investie d'une mission qu'elle n'a pas encore accomplie et qu'elle jouit de possibilités qu'elle n'a pas encore intégralement exploitées ; que les Arabes n'ont pas encore dit leurs derniers mots, et qu'ils n'ont pas encore exploité toutes leurs forces ; je ne crois vraiment pas qu'un jeune Arabe comme celui-là pourrait se permettre de ne pas avoir la foi en Dieu, c'est-à-dire la foi en la vérité et dans le triomphe de la vérité et, finalement, la foi de la nécessité de faire tout pour que triomphe cette vérité.

# TABLE DES MATIÈRES

Carte de la nation arabe ..................................................................7
Glossaire des termes politiques .........................................................9
Introduction ................................................................................ 11

**1  L'Émergence** ........................................................................ 19
    Le premier soulèvement arabe ............................................20
    La *Nahda* ...........................................................................23
    Les placards ........................................................................30
    Un pionnier : Kawakibi ........................................................34

**2  Le congrès national arabe de Paris** ....................................... 39
    Azoury : le réveil de la nation arabe .....................................41
    Les sociétés arabes .............................................................. 44
    Le congrès arabe de Paris (juin 1913) ..................................54

**3  La Révolution arabe (1916)** .................................................. 67
    La répression turque ............................................................68
    L'entrée en guerre des Arabes (1916) ...................................71
    L'année de la catastrophe ....................................................76

**4  Nationalisme arabe, particularismes locaux et panislamisme** ........ 83
    Des congrès du califat au congrès de Bloudane .....................86
    Entre le régionalisme et le panislamisme ..............................94
    Le projet « Grand Syrien » d'Antoun Saadé .........................100
    Les Frères musulmans ou l'instrumentalisation de l'Islam ............107

**5  Michel Aflak, le philosophe du nationalisme arabe** ................ 117
    Sati al Housri ou l'ébauche d'une doctrine ......................... 117
    Michel Aflak, sur le chemin du renouveau arabe .................123
    Islam et nationalisme arabe ...............................................142

Conclusion ............................................................................... 149
Bibliographie ............................................................................ 155

Document ............................................................................................ 161
À la mémoire du Prophète arabe par Michel AFLAK ....................... 161
    La personnalité arabe entre le passé et le présent ............................................ 161
    L'Islam, une expérience et une prédisposition constante .............................. 163
    La vie du Prophète, quintessence de la vie arabe ........................................... 164
    L'Islam, renouvellement et plénitude de l'arabisme ...................................... 166
    L'humanisme de l'Islam .................................................................................... 167
    Les Arabes et l'Occident ................................................................................... 169
    L'honneur d'être arabe ..................................................................................... 170
    L'humanisme abstrait ....................................................................................... 171
    La nouvelle génération arabe ........................................................................... 172